名投手

江夏が選ぶ伝説の21人

江夏豊

JN111749

ワニブックス
PLUS新書

まえがきに代えて――名投手を選ぶ基準

〝江夏豊が選ぶ名投手21人〟というテーマで本を出すことになった。「21人」は、『江夏の21球』にかけたものだ。

担当の編集者がこう言った。

「江夏さんは『名投手を選ぶ基準』として、この中からまず何を考えますか？」

・達成記録＝通算成績、ノーヒットノーラン
・タイトル＝最多勝、最優秀防御率、最高勝率、最多奪三振、最多完封（投手5冠）
・記者投票＝沢村賞、MVP、ベストナイン、ゴールデングラブ賞、球宴出場回数
・WHIP（1イニングにおける四球・安打）、クオリティ・スタート（先発6回自責点3）

・投球スタイル＝特殊球（その投手の特徴的な球種）、コントロール、スピード、投球術
・チームからの信頼

「全部だ！」

私は答えた。

候補選手を列挙する1つの目安としては、「日本プロ野球名球会」がある。

条件は、投手は「日米通算200勝または250セーブ」、打者は「日米通算2000安打」を達成した「昭和生まれ」の選手だ。

時代の変遷とともに野球のスタイルも変わる。特にパ・リーグの中西太さん、野村克也さん、セ・リーグの長嶋茂雄さん、王貞治さんという本塁打を量産する強打者の出現によって野球は大きく変わった。当然、対決する投手の投球にも影響を与えたと言える。

だから、セ・パ2リーグ分立（1950年）以降の投手を選んでいくことにする。

（編集部注／中西太＝西鉄52年～69年、野村克也＝南海ほか54年～80年、長嶋茂雄＝巨人58年～74年、王貞治＝巨人59年～80年）

そして、野球は「記録のスポーツ」だとよく言われる。

たとえば、最近の記録の指標で「ＷＨＩＰ（Walks plus Hits per Inning Pitched／（与四球＋被安打）÷投球回）」がある。要するに四球と安打で1イニングに何人の走者を出したか。1・00未満なら大エース、1・20未満ならエース級、1・40を上回ると問題とされる。

「クオリティ・スタート」は、先発して6回を自責点3以内に抑えた割合のこと。10試合に先発して8試合を抑えれば「80％」だ。だが、これとて9回に換算すれば自責点4・50になってしまう。

それに、最初から記録を求めて野球をやっている選手はいない。記録というのは、あとからついてくる結果的な勲章だ。特に、このような記録は野球を仕事にしている人とか、本当の野球好きな人しか知らない数字だ。

だから、あくまでも「江夏豊の視点」で見ていくことにする。

【凡例】

●生年月日、出身都道府県、身長・体重、投打の左右の別

●出身校〈甲子園出場〉→在籍球団（ドラフト＝「会議があった年」ではなく、「実際にプレーを始めた年」）

★通算成績＝現役年数、登板試合、勝利、敗戦、ホールド、セーブ、防御率

★タイトル＝最多勝、最優秀防御率、最高勝率、最多奪三振、（最多完封を含めると、打者三冠王に匹敵する「投手五冠王」）

★記者投票＝沢村賞、ＭＶＰ、ベストナイン、ゴールデングラブ賞（72年制定）、球宴

★主な記録＝日本記録、セ・リーグ記録、パ・リーグ記録、メジャー・リーグ記録など

★ノーヒットノーラン回数

★特殊球＝その投手の特徴的な球種

（編集部注／数字・記録は19年現在のものです）

目次

【今後が楽しみな投手たち】

【序】投手にとっての「永遠のテーマ」と「理想像」

投手が投手を見る目には、すごいなという「憧れ」と、負けてたまるかという「反骨心」の部分がある。

私の若い時代は「セ・リーグ6大エース」が存在した。広島のソトさん（外木場義郎）、中日のセンさん（星野仙一）、巨人のホリさん（堀内恒夫）、横浜大洋のチョロ松（平松政次）、ヤクルトの松岡さん（松岡弘）。みんな同年代で切磋琢磨し、稀代のスラッガーのON（王貞治、長嶋茂雄）を相手に、いい時代にいい野球をやれた。

「スピードとコントロール、どちらが大事か」

これは投手にとって「永遠のテーマ」だ。

私は、投手にとって「先発完投」がすべてだと教わって野球をやってきた。だが、血行障害になって、南海にトレードされて、当時選手兼任監督を務めていた野村のおっさん（野村克也）に言われた。

「お前の球に勢いがあるのは30～40球。それを生かすには、リリーフしかない」

残酷な言葉だった。どれだけ嫌だったか。もうオレは終わりなのか。でも野球をやりたい。好きな野球を続けるにはそれしかない。

「リリーフの分野でプロ野球界に革命を起こしてみないか」

あの言葉で吹っ切れた。

先発時代は「打ってみろとストライクゾーンでの力勝負」だった。それが、リリーフ時代は「打たれないような投球術」だ。つまり、打者をだます。

たかが知れているスピードを、いかに速く見せるか。

ストライクゾーンから球1個分はずす。ボール球をストライクに、ストライクをボール球に見せる。

打者にいかに恐怖心を与えるか。「恐怖心」というのは、死球の恐怖心ではない。「内角、外角、どちらに来るかわからない」。そういう恐怖心を打者に植え付けることを、自分で勉強して一歩一歩進んでいった。

「初球の入り方」もまた、投手にとって永遠のテーマだ。

2打席目以降は、前の打席の対戦がある。だが、各打者1打席目の初球のためのデータは、前の試合しかない。だから、自分で頭に全部インプットしておかなくてはならない。しかし、前の試合とは場所も条件も変わっている。**それらの総決算が、あの「79年広島―近鉄の日本シリーズ第7戦」の登板に凝縮されていたのではないか。**

（編集部注：野村克也は過去、「『江夏の21球』というと、1点リードの9回一死満塁から石渡茂のスクイズを見破り、スクイズをはずした『神業カーブ』にスポットライトが当たるが、実はその前の代打・佐々木恭介への6球（空振り三振）の駆け引きに味があった」と語っている）

「高低」「左右」「緩急」「ボール・ストライク」。

投手が頭と技術を駆使してあちこちに投げるのに、打者はバットの「割り箸のような細くて短い真芯」に当ててホームランにする。「打者は天才」だ。

もっとも打者からすれば、あちこちに投げてくる「投手は天才」だと思っているのだろう。この両者が18・44mの中で対戦するのが『野球の魅力』ではないか。

自分の先発時代は「力勝負の空振り三振」が『ピッチングの最大の魅力』だった。リリーフ時代は逆に、「バットを振らせたくない」という考えに変わった。だから、「見逃し三振」を取ったときの爽快感。ただ、オレがそこにほおっているのだから振ってこい、詰まらせてやるという気持ちもある。

『投手の理想像』というのは、先発投手なら「3球三振×27打者＝81球」で終わること。リリーフ投手なら「1球で凡打×27打者＝27球」で終わること（実際に「リリーフ投手」が1回途中から試合最後まで投げるということはないのだが……）。

半世紀以上、いろいろな投手を見てきた。僭越ながら50人の投手を語らせてもらう。これが今後に続く野球人へのせめてもの参考になれば幸いだ。くわしくは本編に譲るとしよう。

江夏が選ぶ伝説の21人　候補者一覧

▲は左投手、▼は横・下手投げ。
■は日米通算成績の投手。
「奪三振率」は1試合9イニング平均に換算した三振数、
「与四球率」は1試合9イニング平均に換算した四球数。

	勝利数	勝率	投手名	試合	防御率	投球回	奪三振率	与四球率	特殊球	WHIP
(1)	400勝	·573	▲金田正一(巨)	944	2·34	5526·2	7·31	2·94	ストレート	1·07
(2)	350勝	·551	米田哲也(近)	949	2·91	5130	5·94	2·60	フォーク	1·18
(3)	320勝	·580	小山正明(洋)	856	2·45	4899	5·80	1·80	パーム	1·03
(4)	317勝	·571	▲鈴木啓示(近)	703	3·11	4600·1	5·99	2·20	ストレート	1·12
(5)	284勝	·631	▼山田久志(急)	654	3·18	3865	4·79	2·12	シンカー	1·13
(6)	276勝	·668	稲尾和久(鉄)	756	1·98	3599	6·44	1·80	シュート	0·99
(7)	254勝	·499	▲梶本隆夫(急)	867	2·98	4208	6·30	2·66	パーム	1·22
(8)	251勝	·504	東尾修(武)	697	3·50	4086	3·71	2·43	シュート	1·27
(9)	224勝	·612	▲工藤公康(武)	635	3·45	3336·2	7·71	3·04	カーブ	1·25
(10)	222勝	·602	村山実(神)	509	2·09	3050·1	6·70	1·89	フォーク	0·95
(11)	221勝	·614	▼皆川睦雄(南)	759	2·42	3158	4·67	1·80	カット	1·06
(12)	219勝	·570	▲山本昌(中)	581	3·45	3348·2	6·21	2·33	シンカー	1·22
(13)	215勝	·548	村田兆治(ロ)	604	3·24	3331·1	6·38	3·09	フォーク	1·25
(14)	213勝	·602	北別府学(広)	515	3·67	3113	5·08	1·90	スライダー	1·26
(15)	■203勝	·525	黒田博樹(広)	533	3·51	3340·2	6·59	2·14	スライダー	1·22
(16)	203勝	·594	堀内恒夫(巨)	560	3·27	3045	5·51	3·24	カーブ	1·25
(17)	201勝	·506	平松政次(洋)	635	3·31	3360·2	5·48	2·65	シュート	1·20
(18)	■201勝	·565	野茂英雄(近)	462	3·86	3027·2	9·28	4·45	フォーク	1·34
(19)	180勝	·652	▼斎藤雅樹(巨)	426	2·77	2375·2	6·47	2·21	シンカー	1·10
(20)	187勝	·638	▼杉浦忠(南)	577	2·39	2413·1	6·55	1·53	ストレート	0·99
(21)	135勝	·652	江川卓(巨)	266	3·02	1857·1	6·62	2·15	ストレート	1·12
(22)	79勝	·775	斉藤和巳(ソ)	150	3·33	949·2	8·02	3·02	ストレート	1·22
(23)	131勝	·487	外木場義郎(広)	445	2·88	2419·1	6·24	2·57	カーブ	1·08
(24)	407S	·536	▲岩瀬仁紀(中)	1002	2·31	985	7·68	2·23	スライダー	1·13
(25)	■381S	·481	佐々木主浩(横)	667	2·60	851	11·56	3·25	フォーク	1·03
(26)	■313S	·458	▼高津臣吾(ヤ)	697	3·22	860	7·11	3·09	シンカー	1·27
(27)	■243S	·625	藤川球児(神)	795	2·13	948·2	11·74	3·21	ストレート	1·04
(28)	■234S	·571	サファテ(ソ)	519	2·21	554·2	11·44	3·33	ストレート	1·03
(29)	■234S	·506	小林雅英(オ)	530	3·14	664·1	6·83	2·68	シュート	1·22
(30)	■174勝	·690	田中将大(ヤ)	339	2·93	2321·1	8·47	1·84	スプリット	1·12
(31)	■170勝	·612	岩隈久志(巨)	376	3·31	2424·2	7·01	2·08	スプリット	1·18
(32)	■170勝	·612	松坂大輔(武)	376	3·53	2254·2	8·50	3·69	ストレート	1·25

	勝利数	勝率	投手名	試合	防御率	投球回	奪三振率	与四球率	特殊球	WHIP
(33)	■156勝	·632	ダルビッシュ(カ)	337	2·71	2319·1	9·89	2·78	スライダー	1·07
(34)	■46勝	·730	大谷翔平(エ)	95	2·59	594·2	10·40	3·36	ストレート	1·08
(35)	171勝	·512	▲石川雅規(ヤ)	472	3·87	2794·2	5·19	1·80	シンカー	1·27
(36)	87勝	·649	菅野智之(巨)	176	2·36	1222·2	7·97	1·77	スライダー	1·05
(37)	55勝	·655	千賀滉大(ソ)	171	2·78	739·1	10·43	3·42	ストレート	1·12
(38)	163S	·433	山﨑康晃(D)	303	2·34	296	9·97	2·55	ツーシーム	1·06
(39)	370HP	·516	▲宮西尚生(日)	684	2·34	569·2	7·99	2·80	スライダー	1·09
(40)	324HP	·658	▲山口鉄也(巨)	642	2·34	639·2	7·16	2·14	スライダー	1·06
(41)	232HP	·644	浅尾拓也(中)	416	2·42	505·1	8·19	2·49	スライダー	1·12
(42)	■134勝	·590	上原浩治(巨)	748	2·94	2064·1	8·60	1·26	フォーク	0·98

＜参考選手＞

	勝利数	勝率	投手名	試合	防御率	投球回	奪三振率	与四球率	特殊球	WHIP
	63勝	·741	沢村栄治(巨)	105	1·74	765·1	6·51	3·54	ストレート	1·03
	310勝	·635	別所毅彦(巨)	662	2·18	4350·2	4·00	2·49	?	1·11
	303勝	·633	スタルヒン(ト)	586	2·09	4175·1	4·22	2·63	ストレート	1·07
	237勝	·630	野口二郎(急)	517	1·96	3447·1	3·64	1·69	?	0·96
	237勝	·622	若林忠志(毎)	528	1·99	3557·1	2·53	2·52	カーブ	1·12
	215勝	·636	杉下 茂(毎)	525	2·23	2841·2	5·58	2·51	フォーク	1·08
	209勝	·622	▲中尾碩志(巨)	516	2·48	3057	4·70	4·23	カーブ	1·25
	200勝	·697	藤本英雄(巨)	367	1·90	2628·1	4·03	2·26	スライダー	1·01
	206勝	·566	▲江夏 豊(武)	829	2·49	3196	8·41	2·64	ストレート	1·03
	193S	·500		495	2·77	1200·1	7·83	2·94	ストレート	1·25

1 金田正一

「160キロとカーブ」を武器に1年平均20勝

●33年8月1日生まれ、愛知県出身。184センチ、73キロ。左投げ左打ち
●享栄商高→国鉄（50年）→巨人（65年〜69年）
★通算20年＝944試合400勝298敗、防御率2・34
★最多勝3度、最優秀防御率3度、最高勝率0度、最多奪三振10度、（最多完封5度）
★沢村賞3度、MVP0度、ベストナイン3度、ゴールデングラブ賞0度、球宴17度
（沢村賞3度は、他に杉下茂、村山実、斎藤雅樹の計4人だけ）
★主な記録＝通算400勝、通算4490奪三振、通算365完投、開幕投手14度、
1試合16奪三振（セ・タイ記録）
★ノーヒットノーラン2度
★特殊球＝ストレート

私・江夏豊がプロ入りしたのは１９６７年（昭和42年）。「戦力均衡」と「契約金高騰防止」の目的で、「ドラフト制度」が球界に導入されての2年目だ。

金田正一さんは65年に『10年選手制度』――いわゆる現在のＦＡ制度を利用して、国鉄から巨人に移籍していた。（編集部注：10年選手制度＝47年～75年まで10年選手は「自由移籍」「ボーナス受給」「引退試合主催」などを選べる制度があった）

しかし、全盛期を過ぎた32歳以降の巨人では苦労したのではないか。なぜなら、あの投球フォームは「左膝に余裕がある」から、打者は見やすいタイミングになる。

それと、私がどんなに考えても解答が見つからないのだが、「コントロールのいい投手の条件」の1つに、「上げたほうの足のつま先が下を向いている」がある。

逆に「つま先が上を向いている」投手はコントロールがよくない。たとえば、村田兆治君（ロッテ）しかり野茂英雄君（近鉄ほか）しかり、そして失礼ながら金田さんだ。

65年は「シーズン11勝、１４１投球回、１００奪三振」と、国鉄最後の64年から勝ち星をはじめ成績の数字は半減したものの、「最優秀防御率」のタイトルを獲得。

川上哲治監督が「金田の練習や食生活に対するストイックな姿勢をナインに見せるだ

けでも価値がある」と称えたように、巨人はこの年からＶ９をスタートさせた。金田さんは、巨人在籍５年間で４度の開幕投手を務めた。

当時の先発ローテーションは順番的に、巨人は堀内恒夫さん、高橋一三さん、金田さん。阪神は１番手が村山実さん、２番手が私。直接対決はあまりなかったが、１８４センチの上背を生かした「上から落ちてくるカーブ」を私は打者として打ちたくて（笑）、あのカーブばかり狙っていた。

国鉄時代は入団2年目から14年連続「シーズン20勝・３００投球回、２００奪三振」をマーク。本人いわく「１８０キロ出ていた」と豪語したストレートと縦に大きく割れるカーブが武器の、力任せの投球だったらしい。

それでも通算勝利数2位・3位の米田哲也さん（阪急）と小山正明さん（阪神ほか）が「１６０キロは出ていた」と口をそろえるのだから、それに近いスピードで打者を圧倒していたのだろう。

国鉄時代の通算３５３勝中１１４勝がリリーフ登板で「他人の勝利を奪った」と言う

口さがない人もいるが、当時の国鉄は万年Bクラス（在籍15年間で14度）。

国鉄時代の金田さんは実に３４４完投しているし、２度のノーヒットノーラン（１試合は完全試合）はいずれも１対０の勝利だ。「０対１」の完投敗戦も21試合ある。

「好投手が好打者を育てる」──長嶋茂雄さん（巨人）が59年開幕戦で４打席連続三振したのは有名だが、翌60年の開幕戦でも王貞治さん（巨人）が２打数２三振。通算４００勝を20年の現役生活で達成。単純計算で毎年20勝だ。日本の２倍の歴史のメジャー・リーグの記録と比較しても金田さんの成績は秀でている。

通算勝利４００勝はサイ・ヤング５１１勝（レッドソックスほか〜11年）、ウォルター・ジョンソン４１７勝（セネタース〜27年）に次ぐ日米３番目。

通算奪三振４４９０は、ノーラン・ライアン５７１４奪三振（レンジャーズほか〜93年）、ランディ・ジョンソン４８７５奪三振（ジャイアンツほか〜09年）、ロジャー・クレメンス４６７２奪三振（ヤンキースほか〜07年）に次ぐ日米４番目。

紛れもなく日本が生んだ名投手である。

2 米田哲也

スタミナ抜群、「ガソリンタンク」

●38年3月3日生まれ、鳥取県出身。180センチ、87キロ。右投げ右打ち
●境高→阪急（56年）→阪神（75年途中）→近鉄（77年〜77年）
★通算22年＝949試合350勝285敗2セーブ、防御率2・91
★最多勝1度、最優秀防御率1度、最高勝率0度、最多奪三振1度、（最多完封1度）
★沢村賞0度、MVP1度、ベストナイン0度、ゴールデングラブ賞0度、球宴14度
★主な記録＝19年連続2ケタ勝利
★ノーヒットノーラン0度
★特殊球＝フォークボール

米田哲也さんは75年の途中に阪神に移籍してきて、22試合に投げて8勝を挙げている。75年は「速球王」と呼ばれた山口高志がドラフト1位で阪急に入団し、「登板機会が減るから」という理由で、自ら移籍希望を阪急に申し出たそうだ（山口は、32試合登板22先発18完投２０３投球回、12勝13敗1セーブで新人王）。

私は75年を最後に南海に移籍したので、わずか半年だったが、11歳上の米田さんは私をとても可愛がってくれて、毎日行動をともにした。

米田さんは通算９４９試合登板。１００２試合登板した岩瀬仁紀君（中日）に抜かれるまで実に40年間もの間、「日本最多登板投手」として君臨した。

通算３５０勝にしても右投手でＮＯ・１。そのタフネスぶりから『ガソリンタンク』と呼ばれたのも、むべなるかな。

「セ・リーグの金田、パ・リーグの米田」、

「左（投手）の金田、右の米田」だった。

米田さんは、金田正一さん、小山正明さん、鈴木啓示さんとともに、**「走り込みで鍛えた下半身主導で投げる」タイプだった。しかも、米田さんは最近盛んなウエイトトレ**

ーニングには苦言を呈していた。

阪神には南海から移籍してきた合田栄蔵さんという投手がいて、「コンディションづくり」「トレーニング方法」についてくわしかった。

当時はグラウンドの右翼ポールから左翼ポールまで走る練習法が多かった。

「長距離を何本も走るのではなく、シーズンに入ったら10メートル、20メートルの短距離ダッシュを何本かやって、体のキレを出しなさい」

「完投したら完全休養ではなく、柔軟体操をして体の張りを取りなさい」

米田さんも同じようなことを言っていて、よくコンビを組んでクールダウンをしたものだ。

米田さんは鳥取県米子市の出身で、高校時代に米子で行われたプロの試合を見に行って、プロ入りを現実のものとして考えるようになった。その理由が奮っていた。

「国鉄の金田さんは球は速いが、コントロールがよくない。阪神の渡辺省三さん（52年～65年通算134勝）はコントロールはいいが、球は速くない。これなら自分もプロでいけるのではないか」

米田さんの特殊球はフォークボールで、別名「ヨネボール」と呼ばれた。村田兆治君（ロッテ）が阪急との試合のとき、ダグアウトの中でボールを握って鍛錬する米田さんを見て、握りや投げかたを盗み取ったという。

通算350勝も挙げている米田さんだが、同学年の稲尾和久さん（西鉄＝通算276勝。阪急戦通算60勝17敗）は苦手で、ダブルヘッダーで2つとも負けることがたびたびあって、「ライバルというより、悪魔のような存在だった」らしい（笑）。

米田さんは85年に阪神コーチに就任し、中西清起君をストッパーに推薦し、阪神は日本一に輝いた。

3 小山正明

「投げる精密機械」 史上唯一の両リーグ100勝

●34年7月28日生まれ、兵庫県出身。183センチ、73キロ。右投げ右打ち
●高砂高→阪神（53年）→東京・ロッテ（64年）→大洋（73年〜73年）
★通算21年＝856試合320勝232敗、防御率2・45
★最多勝1度、最優秀防御率0度、最高勝率1度、最多奪三振1度、（最多完封2度）
★沢村賞1度、MVP0度、ベストナイン0度、ゴールデングラブ賞0度、球宴11度
★主な記録＝両リーグ100勝（セ180勝、パ140勝）
★ノーヒットノーラン0度
★特殊球＝パームボール

昭和30年代のプロ野球選手はほとんどが身長175センチくらいだったのに、小山正明さんは183センチと頭一つ大きかった。

打撃投手を兼ねたテスト入団だったため、当時の藤村富美男さん・金田正泰さんらベテラン打者に怒られないように必死に投げた。それこそ米田哲也さんの項で登場した渡辺省三さんの投球を参考にコントロールを磨いた。

その対価として「精密機械」「針の穴をも通す」とまで言われたコントロールを手に入れた。58年から3年連続20勝だ。

しかし、59年（昭和34年）のプロ野球史上唯一の「天覧試合」で、高卒新人でまだ「三振王」と揶揄されていた王貞治さん（巨人）に本塁打を浴びるなど、どうにも王さんが苦手。**「王対策」として、特殊球であるパームボールを習得した。**現在でも駆使する投手は少ない。（編集部注：パームとは掌のこと。人差し指と中指を立てて、球を握る。回転が減り、リリース直後から縦に大きく落ち始める。フォークボールのように鋭く落ちるのではなく、フワリとゆっくり落ちる。タイミングを合わせられると長打の危険性もある）

阪神は62年に小山正明さん（27勝）・村山実さん（25勝、最優秀防御率、MVP）、64年は村山実さん（22勝）・バッキー（29勝）でそれぞれリーグ優勝を果たした。

投手のタイプには2通りある。「味方が10点取ったら9点まであげていい」と冷静に淡々と投げるタイプ。「味方が10点取ろうが20点取ろうが、1点もやらない」と、手抜きなしにガムシャラに投げるタイプ。前者が小山さんで、後者が村山実さん。投球スタイルも性格も、まさに好対照で両極端な2人だった。

だから、小山さんはゴルフのような個人スポーツも適していると思っていたが、やはりゴルフが上手くて、登板後の休養日にはよくゴルフに通っていたようだ。

小山さんは63年を最後に阪神から東京（ロッテ）に移籍。『世紀の大トレード』と言われた。交換相手の『シュート打ちの名人』山内一弘さんは本塁打王経験者で、常に「打率3割30本塁打90打点」を期待できる。私のプロ入り時の阪神4番打者だ。**小山さんも移籍の64年に30勝で初の「最多勝」のタイトルを獲得し、意地を見せた。**

ロッテ時代は、まだ芽の出なかった村田兆治君が徹夜麻雀から朝帰りしたとき、朝練習に出かける小山さんと鉢合わせ。何も言わず、自分の部屋に逃げ込んだ村田君に対して、やんわりと諭した。「お前ほどの才能を持ちながら、無駄にするのは寂しいぞ」。71年に史上4人目の300勝を達成した試合後、チームメイトに胴上げされたシーンは人望の厚かった小山さんを物語る。

73年に大洋に移籍、4勝して通算320勝。当時39歳だから球威こそ衰えていたが、無理のない流れるようなきれいな投球フォームから、コントロールよく球を投じていた。与四球率2・00個未満なら抜群のコントロールと言えるが（P18参照）、**通算で4899回も投げて与四球率が1・80個。まさに「精密機械」の名にふさわしい。**

さらに「両リーグ1000安打」は大杉勝男（東映→ヤクルト）・落合博満（ロッテ→中日→巨人→日本ハム）・和田一浩（西武→中日）ら3人いるが、**「両リーグ100勝」は1人だけ（セ180勝、パ140勝）**。特筆ものである。

74年と75年、阪神投手コーチとなった小山さんの指導を私は受けている。90年と91年は西武コーチを務め、「伝家の宝刀」パームボールを伝授された石井丈裕が、92年日本シリーズMVPに輝いた。

4 鈴木啓示

最多「無四球試合78」と最多「被本塁打560」

●47年9月28日生まれ、兵庫県出身。181センチ、86キロ。左投げ左打ち
●育英高〈甲子園〉→近鉄（66年ドラフト2位～85年）
★通算20年＝703試合317勝238敗2セーブ、防御率3・11
★最多勝3度、最優秀防御率1度、最高勝率1度、最多奪三振8度、（最多完封5度）
★沢村賞0度、MVP0度、ベストナイン3度、ゴールデングラブ賞0度、球宴15度
★主な記録＝通算78無四球試合、通算560被本塁打、通算340完投、開幕投手14度
★ノーヒットノーラン2度
★特殊球＝ストレート

鈴ちゃん（鈴木啓示）とは高校生以来のつき合いだ。センバツ甲子園に出場した兵庫育英高の鈴ちゃんが高校3年、大阪学院高の私が高校2年。練習試合に延長15回で私が15奪三振、鈴ちゃんが何と27奪三振。

延長15回で27個というと、単純計算で1イニング2個。私は4番を打っていたが、ウチは4番・5番で計10打数10三振を喫した。最後まで球威が衰えない。手も足も出なかった。

それは素晴らしい投手だった。カッコよかった。**昔の野球漫画『巨人の星』の主人公・星飛雄馬みたいに右足を高々と上げて、左腕から繰り出す速いストレートと落差の大きなカーブ。**

当時、大阪にもいいカーブをほおる左腕は存在したが、鈴ちゃんと比べれば、カーブとは言えない。スライダーだ。そのくらい上から大きく鋭くガッと落ちてきた。

試合翌日、思わず私は職員室に行って、野球部の先生に頼み込んだ。

「監督、カーブの投げかたを教えてください。あんなカーブをほおりたいんです！」

返ってきたのは強烈なゲンコツだった。いまの時代ではＮＧだけど。

「お前、真っすぐでストライクも満足にほおれんのに、何がカーブじゃ！」

当時の私は1試合に三振15個奪えば、四球も15個与えるノーコン投手だった。

鈴ちゃんはプロに入ってもすごかった。ドラフト制が施行された初年度の投手。2年目から6年連続最多奪三振（＝パ最長。セ最長は江夏豊の入団以来6年連続）。**特徴的なのは「通算78無四球試合がプロ最多」なのに、「通算560被本塁打もプロ最多」なことだ。本人いわく「両方、自慢の種だ」**。セの最多被本塁打は北別府学（広島）の通算380被本塁打なので、群を抜いている。

「細かいコントロールが身についたのは狭い日生球場（両翼90メートル）のおかげだ。ホームランを打たれないように警戒して投げる習慣がついた」

鈴ちゃんは、大事な場面でもリリーフに行かなかった。「無理して故障したら誰が責任を取ってくれるんだ」（鈴木）の言葉がひとり歩きしているが、西本幸雄監督とはよく話し合って、お互いの信頼関係、納得の上での結果だったらしい。

通算340完投は、金田正一さん（国鉄ほか）の通算365完投に次ぐ史上2位。当時の投手はみんなそうだが、「先発完投」することに強いプライドを持っていた。

それが証拠に78年後期（当時、パは2シーズン制だった）、近鉄が阪急に決戦で敗れて辞意をほのめかした西本監督に向かって、鈴ちゃんは絶叫した。

「西本監督辞めないでください。オレたちを見捨てないでください」

そして近鉄は翌79年、球団創設30年目に悲願の初優勝を遂げた。

鈴ちゃんは言っていたよ。「西本監督だけは特別な存在だ」と。私も西本監督のもとで野球をやってみたかった。

（編集部注／逆にその79年、日本シリーズで対戦し「江夏の21球」で、広島が日本一。結局、西本監督は8度のリーグ優勝で1度も日本一になれず、『悲運の闘将』と呼ばれた）

いずれにせよ、鈴ちゃんは大投手だった。**史上4位の通算317勝。ドラフト制（1966年）以降の最多勝利投手だ。**

5 山田久志

史上最高の「サブマリン」 3年連続MVP

●48年7月29日生まれ、秋田県出身。176センチ、77キロ。右投げ右打ち
●能代高→富士鐵釜石→阪急（69年ドラフト1位〜88年）
★通算20年＝654試合284勝166敗43セーブ、防御率3・18
★最多勝3度、最優秀防御率2度、最高勝率4度、最多奪三振0度、（最多完封2度）
★沢村賞0度、MVP3度、ベストナイン5度、ゴールデングラブ賞5度、球宴13度
★主な記録＝3年連続MVP（イチローと2人だけ）、開幕投手12年連続
★ノーヒットノーラン0度
★特殊球＝シンカー

ヤマ（山田久志）は同い年だ。私たちは戦後のいわゆる「団塊の世代」。

さらにヤマは「華のドラフト69年組」。投手では東尾修君（箕島高→西鉄）、星野仙一さん（明大→中日）、野村収さん（駒大→大洋）、野手では「法大三羽烏」の田淵幸一さん（阪神）・山本浩二さん（広島）・富田勝さん（南海）らがいた（いずれもドラフト1位）。

入団直後のヤマはアンダースローで勢いよく浮き上がるストレートを投じていた。

「ピッチャーで1番大切なのはコントロールだぞ」（西本幸雄監督）

「いえ、ストレートに勢いがあれば、真ん中でも打たれません」（山田）

ヤマの考えが変わったのは71年。プロ入り3年目で22勝を挙げ、「最優秀防御率」と「最高勝率」のタイトルを獲得。**しかし、その71年の巨人との日本シリーズ第3戦で王貞治さんにストレートを逆転サヨナラ3ランされてから。**

あの試合、ラジオのゲスト解説を務めていた私は、その一打を目撃した。西本監督に肩を抱かれ、うなだれてマウンドを降りるヤマの気持ちは、痛いほど理解できた。

ヤマはそのころヒジを壊していた。同じ大阪の球団。阪神にいた私に尋ねてきた。

「おい豊、どっかヒジの病院知らんか」

「じゃあ、オレがかかっている病院、紹介したるわ」

完治後、伝家の宝刀・シンカー（沈むシュート）を習得。76年から3年連続MVP。

82年には、アンダースロー投手としては皆川睦雄さん（南海）に次ぐ通算200勝を達成。

この試合でヤマは、落合博満君（ロッテ）に3本塁打を浴びている。シンカーを狙われていても、敢えてシンカーを投じた。プロとプロの見ごたえのある勝負だった。

実は前年の81年、前期優勝がオチ（落合）のいたロッテ、後期優勝が私のいた日本ハム。プレーオフは日本ハムが制したのだが、最後の試合後にオチと食事、その流れで麻雀卓を囲んだ。

「江夏さんは、今年首位打者を獲った僕を、なぜ簡単に抑えられるんですか」

「お前は狙い球を1球1球、変えてくる。そんなことしとったら永遠にオレの球を打てない。投手というのは『この1球』をずっと待たれるのが1番イヤなんだ」

オチはいろいろ考えたんだろう。翌82年に三冠王。ちょっとしたアドバイスを生かしてくれるのは嬉しいものだ。

当時「セ・リーグ6大エース」は前出の星野さん（中日）、堀内恒夫さん（巨人）、平松政次さん（大洋）、松岡弘さん（ヤクルト）、外木場義郎さん（広島）、私・江夏豊（阪神）。

「パ・リーグ6大エース」はヤマ、東尾修君、鈴木啓示さん（近鉄）、村田兆治君（ロッテ）、高橋直樹さん（日本ハム）、山内新一さん（南海）。

各チームとも通算150勝級の「確固たるエース」が存在したが、最近は各チームともエース不在で、「数人の主力級投手」という状況。寂しいものだ。

ヤマは、85年の長いプロ野球の歴史においてもイチロー君（オリックス）と2人だけの「3年連続MVP」。史上最高の「サブマリン投手」であることは間違いない。

6 稲尾和久

シーズン42勝の「鉄腕」

●37年6月10日生まれ、大分県出身。180センチ、80キロ。右投げ右打ち
●別府緑丘高→西鉄（56年～69年）
★通算14年＝756試合276勝137敗、防御率1・98
★最多勝4度、最優秀防御率5度、最高勝率2度、最多奪三振3度、（最多完封1度）
★沢村賞0度、MVP2度、ベストナイン5度、ゴールデングラブ賞0度、球宴7度、新人王
★主な記録＝シーズン42勝（他にスタルヒン）、日本シリーズ1年4勝（他に杉浦忠）
★ノーヒットノーラン0度
★特殊球＝シュート、スライダー

大分・別府市の「星野組」が49年に都市対抗野球で全国制覇。選手兼任監督が西本幸雄さん（のちの大毎・阪急・近鉄監督）。エース・荒巻淳さん（のちに大毎ほかで通算173勝）に憧れて、稲尾和久さん（西鉄）は野球を始めた。

私は南海時代、野村のおっさん（野村克也）から稲尾さんの話を何度も聞いたものだ。

「配球とは、1つを意識させることによりもう1つの注意力を弱めること。内角・外角、高目・低目、速い・遅い、ボール・ストライクがある。この4ペアを使いこなしたのは稲尾だけ。スピードは145キロ前後だったが、外角低目のストレートのコントロールが抜群で、シュートとスライダーのコンビネーションが素晴らしかった」

私は池永正明さん（西鉄＝65年〜70年通算103勝）に可愛がってもらったものだが、池永さんの「ヒールアップ投法」（軸足のかかとを上げて投げる）は、稲尾さんの投球フォームを真似たものだ。

稲尾さんが中日コーチ時代の80年、新人の牛島和彦君を連れ、広島投手の私にあいさつに来てくれたし、稲尾さんがロッテ監督時代の84年は、西武に在籍していた私と対戦した。

稲尾さんの現役時代で有名なのは、まず**58年巨人との日本シリーズ、3連敗から4連投4連勝。打ってはサヨナラ本塁打。「神様、仏様、稲尾様」と称えられた八面六臂の大活躍。**

もう1つは、61年の「シーズン78試合42勝」だ。

私は、土橋正幸さん（東映）がぼやいているのを何度も聞いた（笑）。

「オレは1度もタイトルに恵まれなかった。61年なんて30勝もしたのに……」

現在は143試合制で15勝すれば大エースともてはやされる時代だが、実にその約3倍の42勝だ（当時140試合制）。

いまでこそ分業制が確立して、セ最多登板は久保田智之君（阪神）の07年90試合、パ最多登板は平井克典君（西武）の19年81試合。

84年に福間納君（阪神）が「神様の78試合」に迫ったとき、それこそ「記録の神様」と呼ばれた宇佐美徹也さん（パ・リーグ記録部→報知新聞社→日本野球機構BISデータ本部）が、安藤統男監督（阪神）に手紙を書いたらしい。

「稲尾の78試合は、先発・抑えにフル回転して42勝、投球回404。単なる記録更新だ

けのために登板させるのはいかがなものでしょうか」

そのシーズン、福間君の最終成績は「77試合4勝、投球回119」だった。

「エースとはトランプで言う切り札。人間性を伴って初めてエースと言える」（稲尾）

「稲尾は土をならし、ロジンバッグを投手板横に戻してマウンドを降りた」（杉浦忠）

「チームが苦しいときに連投する稲尾の滅私奉公ぶりを知っている」（豊田泰光）

「どんなに打たれてようと決してビーンボールを投げてこなかった」（榎本喜八）

「稲尾さんのいないロッテにいる意味はない。中日へのトレードを受ける」（落合博満）

私の親友の佐藤道郎君（南海ほか）が稲尾監督にロッテ投手コーチに誘われたとき、

「条件が1つあります。指導のときに選手を殴っていいですか」（佐藤）

「どうぞ、お好きなように」（稲尾）

いまの時代なら鉄拳指導はNGだが、そういう問題ではなく、「部下に任せたのなら、部下に任せる。責任は自分が取る」という度量の広さがすごかった。

稲尾さんは07年に亡くなられた。**法名は「最勝院釋信明」だった。**

7 梶本隆夫

弱い阪急を支えた唯一の「負け越し200勝投手」

●35年4月8日生まれ、岐阜県出身。186センチ、75キロ。左投げ左打ち
●多治見工高→阪急（54年～73年）
★通算20年＝867試合254勝255敗、防御率2・98
★最多勝0度、最優秀防御率0度、最高勝率0度、最多奪三振2度、（最多完封3度）
★沢村賞0度、MVP0度、ベストナイン1度、ゴールデングラブ賞0度、球宴12度
★主な記録＝1試合9者連続奪三振、3者連続3球三振2度（史上19度。2度は1人）
★ノーヒットノーラン0度
★特殊球＝ストレート

２００勝投手26人の中で唯一の「負け越し」投手であった。

高卒1年目の54年にカジさん（梶本隆夫）はいきなり20勝を挙げたが、その年は宅和本司さん（門司東高→南海）が26勝を挙げて、新人王に選ばれなかった。

プロ3年目の56年には28勝を挙げたが、この年は三浦方義さん（大映）が29勝を挙げ、カジさんは「最多勝」のタイトルを逃した。

通算で1つ負け越しなのだが、現役最終73年に当時の西本幸雄監督がこう言った。

「カジ、せめて勝ちと負けを同じにしとこうか」

「いえ、途中から投げて他人の勝ち星を奪うようなことは勘弁してください。勝った負けたではなく、自分にとってはピッチングに内容が伴っていたかどうかのほうが大事なんです」

人を思いやるから誰からも慕われた。同じ左腕、同じ関西ということで、私も「おー、豊、豊」と、よく声を掛けていただいた。

米田哲也さんも「兄貴（梶本）のためならオレは苦労を厭わないよ」と言っていた。

阪急が長い間勝率5割に届かない『灰色球団』と揶揄された時代、**米田さんと梶本さんは「ヨネ・カジ」コンビと呼ばれて、チームの屋台骨を支えたのだ。**

とにかく阪急の本拠地の西宮球場は、グラウンドに出ている選手・関係者の合計より、観客席のファンのほうが少ないくらい閑古鳥が鳴いていた。

カジさんは186センチの長身からクロスファイヤーで速いストレートと緩いパームボールをほおった。「3者連続3球三振」を2度もやっているのはカジさんだけだ。四球も被本塁打もそれなりに多かったが、867試合で投球回は4000を超えている。

カジさんにしても米田さんにしても弱い阪急でそれぞれ通算254勝、通算350勝(阪神・近鉄で計22勝)を挙げているのだから、称賛に値する。

その後、長池徳士さん(撫養高→法大→阪急66年ドラフト1位)が入って、阪急は打線が投手陣を援護できるようになった。私がプロ入りした67年に阪急が球団創設32年目で初優勝を遂げて、プロ14年目のカジさんは嬉しかったらしい。

勝ち星が1ケタ台に落ち込んでいたカジさんだったが、その年から3年連続2ケタ勝利と復調し、リーグ3連覇に貢献。71年と72年もリーグ優勝。20年間のプロ生活の終盤にカジさんは優勝を5度も経験した。

長池さん（通算338本塁打）、大杉勝男さん（岡山関西高→丸井→東映65年＝通算486本塁打）、土井正博さん（大鉄高→近鉄61年＝通算465本塁打）のホームランバッター3人がシノギを削り、パ・リーグは打線が活発になった。

長池さんの影響を受けて、阪急は福本豊さん、加藤秀司君、高井保弘さんらの強力打線を形成する。私が南海時代（76年～77年）、日本ハム時代（81年～83年）はよく対戦したものだ。そのころカジさんはコーチ・監督と、立場を変えての私との闘いだった。

8 東尾修

165与死球の「ケンカ投法」

●50年5月18日生まれ、和歌山県出身。177センチ、79キロ。右投げ右打ち
●箕島高〈甲子園〉→西鉄・西武（69年ドラフト1位〜88年）
★通算20年＝697試合251勝247敗23セーブ、防御率3・50
★最多勝2度、最優秀防御率1度、最高勝率0度、最多奪三振1度、（最多完封3度）
★沢村賞0度、MVP2度、ベストナイン2度、ゴールデングラブ賞5度、球宴10度
★主な記録＝通算165与死球
★ノーヒットノーラン0度
★特殊球＝シュート

トンビ（東尾修）とは、81年～83年は私が日本ハムの投手でライバルとして、84年は西武で同じ釜の飯を食った。現在も仲よくやっている可愛い後輩だ。

トンビは『華のドラフト69年組』。西鉄のドラフト1位指名。私は関西の阪神に在籍していたので、和歌山の2歳下のトンビの噂はよく聞いていた。

「箕島高に好投手がいる。阪神はドラフト上位候補にリストアップしている」

オープン戦で対戦した。プロ入り時は結構球が速かったし、逆にあんなにいいスライダーはほおっていなかった。スライダーというよりカーブだった。トンビ自身がこう述懐する。

「高校時代は速球派と呼ばれていたが、142～143キロで2軍でも通用しない。プロ1年目秋のキャンプで、生き残るために変化球主体への変更に取り組んだ」

以降、トンビは年輪を重ねるにつれ、内外角の両サイドをシュートとスライダーのコンビネーションで攻める老練な投球に磨きをかけていった。

1年目の69年8試合0勝2敗、70年40試合11勝18敗、71年8勝16敗（最多敗戦）、72

年18勝25敗（最多敗戦）……、75年23勝15敗（最多勝、最多敗戦）。
西鉄が、73年太平洋、77年クラウン、79年西武と身売りされ、主力投手・主力打者がチームを去っていったことで、打線の援護はなくとも、トンビに投げるチャンスだけは巡ってきた。

最近は通算投球回が２０００を越えたら注目される時代なのに、プロ20年で、その倍以上の４０８６。１年平均投球回２００。これもすごい数字だ。

それに伴い、「勝ち星」と同じくらいの「負け星」を積み重ねていったのだ。85年にシーズン17勝3敗で貯金14を作り、通算２５１勝２４７敗。最終的に「４つの貯金」を作った。そうでなければ梶本隆夫さん同様、「負け越し２００勝投手」だった。
「たったの貯金4」と見るのか、「あの激動のチーム状況の中でよく勝ち越した」と見るべきか。しかし、「マウンドを守り抜いてきた」という意味において、やはり尊敬に値するのは誰もが認めるところだ。

彼のトレードマークの1つである「死球」。死球自体は決してほめられたことではない。しかし、外角のスライダーを生かすためには、打者に踏み込まれないようにシュートで内角を攻める。投手の「配球」の基本であり、お手本だ。

その結果としての165与死球である。強気に攻めた証だ。

いまの時代、野球知識がどんどん高度になって、そんな「配球」は当然と思われているが、昔はそんなことを言わなかった。「スライダーがいい」となったら、ただスライダーばかり投げていたから。

さて、トンビは広岡達朗監督時代の4年間で3度優勝の美酒を味わい、83年にはMVPの栄誉にも浴している。しかし、以前スポーツ紙に掲載されたコラムでこんな内容が掲載されていた。

「対戦相手の打者9人に続く10人目の敵が広岡監督。自分への発言。それに春のキャンプで夕食時のビールを禁止されたこともあった。だから、やかんに入れたビールを湯飲みに注いで飲んでいた」

「内角シュート攻め」は、やはりこの「負けん気」があってこそ。改めて思った次第である。

9　工藤公康

3球団で日本一を経験した「優勝請負人」

●63年5月5日生まれ、愛知県出身。176センチ、80キロ。左投げ左打ち

●名古屋電気高〈甲子園〉→西武（82年ドラフト6位）→ダイエー（95年）→巨人（00年）→横浜（07年）→西武（10年～10年）

★通算29年＝635試合224勝142敗3セーブ、防御率3・45

★最多勝0度、最優秀防御率4度、最高勝率4度、最多奪三振2度、（最多完封3度）

★沢村賞0度、MVP2度、ベストナイン3度、ゴールデングラブ賞3度、球宴10度

★主な記録＝実働29年

★ノーヒットノーラン0度

★特殊球＝カーブ

坊や（工藤公康）ね。前出の東尾修君と同様、日本ハムにいた私は82年〜83年敵として、84年は西武で1年間一緒に野球をやった。

当時、西武には「坊や」と「ナベQ」（渡辺久信　現・GM）というイキのいい若手投手がいた。2人は私のコーヒー係を務めてくれた（笑）。

プロ入り当初の坊やは、ちょうどいまの松井裕樹君（楽天）みたいな投球スタイル。小柄ながら、ストレートとキレのいい大きなカーブ（松井はスライダー主体）を左腕から繰り出すリリーフ投手だった。

ナベQはわからないことがあるとすぐ聞きにくるタイプ。坊やは考えてから聞きにくるタイプ。どちらがいい悪いではなく、対照的な2人だった。

投手コーチはみんないいアドバイスをたくさん施すが、それをすべて実行していたら頭がパニックになってしまう。自分に合っているものと合っていないものを取り分ける、取捨選択がうまかった。

坊やは「同じ左投手の私から何かを盗もう」と、いつも投げている私の後ろにきて見ていた。オープン戦の3月、たまたま2人だけでブルペンに座っていたときのこと。

「江夏さん、何でアウトコース（が大事）なんですか」

「ホームランは打たれたくない。左投手が右打者のインコースへ、クロスファイヤーの球は決まれば気分がいいけれど、1つ中に入れば遠くに飛ばされる。先発投手の5回までの失点1は打線が援護してくれるが、いまの抑え投手のオレの仕事は1球が勝負を決する。被害を最小限に抑えるために、アウトコースに徹底している」

坊やは翌85年に先発をやるようになって、「最優秀防御率」のタイトルを獲得した。

86年広島との日本シリーズ、西武が1分け3敗で迎えた第5戦。坊やがサヨナラ打を放って、そこから4連勝日本一。投手のサヨナラ打といい、逆転4連勝といい、58年の日本シリーズ、ライオンズの先輩・稲尾和久さんをほうふつとさせた。

翌87年は巨人との日本シリーズ。「お立ち台」で石毛宏典君との掛け合い漫才的なインタビューで注目を集め、『新人類』と呼ばれた。9回に「巨人打倒」を目前にして清原和博君が涙を流し、坊やが日本一胴上げ投手だ（86年・87年日本シリーズMVP）。

周囲の好投手の影響も大きかった。東尾修君、渡辺久信君、郭泰源君、石井丈裕君、

鹿取義隆君、潮崎哲也君、渡辺智男君……。

99年はダイエーでシーズンMVPに輝き、日本一で王貞治さんを胴上げ。翌00年は巨人にFA移籍し、長嶋茂雄さんを日本一の胴上げ。3球団を日本一に導き、「優勝請負人」と呼ばれた。

そうそうたる顔ぶれの打者の援護にも恵まれた。

87年西武＝石毛宏典・辻発彦・秋山幸二・清原和博・ブコビッチ・伊東勤。99年ダイエー時代＝小久保裕紀・城島健司・松中信彦・秋山幸二・井口忠仁（資仁）。00年巨人＝仁志敏久・清水隆行・江藤智・松井秀喜・清原和博・高橋由伸・二岡智宏。

その後、坊やはスライダーを覚えたことで投球の幅ができ、投手寿命を延ばした。門倉健のFA移籍人的補償で横浜に移籍。46歳の09年に46試合登板。10年西武に移籍して、実働29年もの間ユニフォームを着続けた。

ネクストバッターズサークルでのスイングを見て、打者が狙うコースを推測するのを得意とした。また、牽制が巧みで史上唯一の「両リーグ投手ゴールデングラブ賞」を受賞した。

10 村山実

手抜きなしの全力投球

●36年12月10日生まれ、兵庫県出身。175センチ、83キロ。右投げ右打ち
●住友工高→関大→阪神（59年～72年）
★通算14年＝509試合222勝147敗、防御率2・09
★最多勝2度、最優秀防御率3度、最高勝率1度、最多奪三振2度、（最多完封3度）
★沢村賞3度、MVP1度、ベストナイン3度、ゴールデングラブ賞0度、球宴8度
★主な記録＝通算WHIP0・95は日本記録
★ノーヒットノーラン0度
★特殊球＝フォークボール

村山実さんは私と同じ兵庫県尼崎市で育った。ちょうどひと回り、12歳上で兄貴のような存在だった。洗練されていた村山さんは、野球漫画『巨人の星』の星飛雄馬のライバル・花形満のモデルになった。プロ入りの契約金は巨人が2000万円を提示したのに対し、阪神は500万円。それでも「東京の人間に負けたくない」と迷わず阪神を選んだ。そんな浪花節の人間、いまいるかい？

私の阪神入団が決定したとき、芦屋のマンションに招待してもらって嬉しかった。応接間には、まばゆいばかりの表彰トロフィーが所狭しと並んでいた。

小山正明さんの項で話したが、**10点リードしていても手抜きなし。いつも全力投球なので「ザトペック投法」と呼ばれた。漂う悲壮感。投げている姿はカッコよかった。**

（編集部注／ザトペック＝52年ヘルシンキ五輪のマラソンで金メダリストとなったチェコスロバキアの陸上選手。苦しげな表情と荒い息づかいで走った）

プロ1年目の59年、天覧試合で長嶋茂雄さん（巨人）にサヨナラ本塁打を浴びた。

「あれはファウルや！」

そのフレーズを私は10回や20回どころではない。100回以上聞いている。打球は完全に入っていた。私が言わんとするのは村山さんの「負けず嫌い」「打倒東京」「打倒長嶋」のことだ。

その後、ライバルと位置づけた長嶋さんから通算1500奪三振目と通算2000奪三振目を奪った。直接対決は通算302打数85安打で打率・281、21本塁打、39三振。62年に思い通りのフォークボールが完成し、65年から『三段投法』を駆使して、本来のスリークォーターからスライダーフォーク、サイドスローからシュートフォーク、オーバースローから真っすぐ落とすフォークをきれいに投げ分けたそうだ。

67年入団の私が村山さんのフォークを初めて見たとき、**「こんな球、人間がほうれるのか」と驚いた。フワーッと浮き上がったと思えば、いったん止まってストンと落ちた。**

村山さんは65年、66年と「最多奪三振」のタイトルを獲得したが、67年にプロ1年目の私がそのタイトルを奪取すると、とたんに口をきいてくれなくなった。「この厳しさがプロなのか……」と実感させられた。

「昭和生まれの大卒投手」で通算200勝をマークしたのは、203勝の黒田博樹君（広島ほか）と村山さんの2人しかいない。「村山実」は私の野球人生のすべてだし、2

22勝は目標であった。

「はじめに」でも触れたが、投手の記録の指標として、「WHIP」がある。（与四球＋被安打）÷投球回。要するに四球と安打で1イニングに何人の走者を出したか。1・40を上回ると問題、1・20未満ならエース級、1・00未満なら大エース。村山さんの通算WHIP0・95は日本記録である。

ほかにも70年のシーズン防御率0・98は、戦後唯一の防御率0点台だ。

そして「沢村賞」3度は、杉下茂さん（中日）・金田正一さん（国鉄）・斎藤雅樹君（巨人）と村山さんの4人だ（「三冠王」は延べ11人、「トリプル・スリー」は延べ12人）。村山さんは、藤村富美雄さんに次ぐ2代目『ミスター・タイガース』であった。

そういえば、私は現役18年間で計9人の監督に仕えたが、特に思い出に残るのは、巨人・阪神両方の監督を務めた藤本定義さん、村山さん、野村克也さん（南海）。村山さんと野村のおっさんは、私に「打者との対戦をメモに残すこと」を教えてくれた。

11　皆川睦雄

「細く長く」でホークス通算最多勝

●35年7月3日生まれ、山形県出身。179センチ、74キロ。右投げ右打ち
●米沢西高→南海（54年～71年）
★通算18年＝759試合221勝139敗、防御率2・42
★最多勝1度、最優秀防御率1度、最高勝率2度、最多奪三振0度、（最多完封1度）
★沢村賞0度、MVP0度、ベストナイン1度、ゴールデングラブ賞0度、球宴6度
★主な記録＝「最後の30勝投手」（19年現在）
★ノーヒットノーラン0度
★特殊球＝カットボール

私はプロ2年目の68年に25勝でセの「最多勝」のタイトルを獲ったが、パの最多勝は31勝の皆川睦雄さん。その年のオフは表彰式でよくご一緒させていただいた。「太く短くの杉浦忠、細く長くの皆川睦男」――同い年、同じ南海のアンダースロー投手だけに、比較されることが多かった。

杉浦さんは、華の東京六大学で長嶋茂雄さん（のちに巨人）と「エースと4番」の間柄。皆川さんは東北・山形県の出身で甲子園未出場。母子家庭の家計を助けようと、立教大学進学を断念し、プロ入りした。

南海で皆川さんと同期入団の野村のおっさん（野村克也）風に言うならば、まさに杉浦さんが「ひまわり」で、皆川さんが「月見草」だった。

杉浦さんは、アンダースローながら浮き上がってくるストレートで三振を奪える本格派（59年38勝4敗）。一方、技巧派の皆川さんは、スライダー・シュート・シンカーで2ケタ勝利はできるが、投球パターンを相手打者に把握されつつあった。

皆川さんの野球殿堂入りの記者会見で、ゲストスピーチを務めたおっさんがエピソードを披露した。

「同期の皆川とは2軍で一緒に2年半過ごし、同時期に1軍に上がった。遠征先での夜、隣に布団を敷いて、よく野球の話をしたものです。

『左打者対策として何か新しい変化球を覚えないと、これから先、厳しいぞ』

『協力してくれないか』

『スライダーより小さな曲がりの変化球を覚えろよ』

68年、シーズン前のオープン戦で左打者の王貞治（巨人）の胸元に少しだけ食い込むカットボールを試し投げすると、王は差し込まれて二塁フライ。『特殊球』として使えるかどうか半信半疑だったのが、確信に変わった。あのときに皆川がマウンド上で垣間見せた嬉しそうな表情を、私はきのうのことのように思い出します。日本球界で最初にカットボールを投げたのが彼なんです」

その68年にいきなり31勝を挙げて「最多勝」と「最優秀防御率」のダブル・タイトル。

2019年現在、「最後の30勝投手」だ。

杉浦さんは20勝以上を5度マークしたが、プロ8年目以降は血行障害に苦しんで、勝利1ケタを6年続けて通算13年で引退。**皆川さんは20勝以上こそ68年の1度しかなかったが、2ケタ勝利を12度マークして通算18年のユニフォーム生活だった。**

皆川さんは山形生まれでおっとりとしていて、一緒にいると不思議に落ち着く温かい人だ。言葉使いも柔らかだし、話し方もスロー。私より13歳も上なのに、「上から目線」ではない。「名球会」の旅行でも、皆川夫妻と山田久志夫妻とは行動をともにする。なかなか気難しかった豊田泰光さんも、皆川さんとはウマが合って、よく一緒に食事をしたそうだ。

東北人特有の地道な努力、物ごとをあきらめない性格。その粘り強さが、そのまま粘り強い投球につながった。それが杉浦さんをも上回る「ホークス歴代最多勝」という結果になって現れたのではないか。

皆川さんの「アンダースロー最多勝」を抜いたのが、同じ東北・秋田県出身のヤマ（山田久志）。また、カットボールを編み出したときの相手打者・王さんが巨人監督時代に、皆川さんを投手コーチに呼び寄せた。2つとも、やはり何かの縁だと思う。

12 山本昌

「低目への変化球スクリュー」で中日歴代最多勝

●65年8月11日生まれ、神奈川県出身。186センチ、87キロ。左投げ左打ち
●日大藤沢高→中日（84年ドラフト5位～15年）
★通算32年＝581試合219勝165敗5セーブ、防御率3・45
★最多勝3度、最優秀防御率1度、最高勝率1度、最多奪三振1度、（最多完封2度）
★沢村賞1度、MVP0度、ベストナイン2度、ゴールデングラブ賞0度、球宴6度
★主な記録＝50歳登板、実働29年
★ノーヒットノーラン1度
★特殊球＝スクリューボール

同じ実働29年。「投手寿命」が長い左腕投手として、かたや本格派の工藤公康（西武ほか）、こなた技巧派のマサ（山本昌）がいた。

背番号「34」の左腕。金田正一さん（国鉄ほか）のような速球派を想像する。入団時、投球フォームのヒジはもう少し上だったが、立派な体のわりに、スピードは最速135キロ。初めてマサを見た星野仙一監督はガッカリしたそうだ。

86年初登板、87年までプロ4年間未勝利。中日では当時、戦力にならない選手を交換留学生としてドジャースに派遣する慣習があった。マサがそれだった。

88年、往年の名投手サンディー・コーファックス（ドジャース＝通算165勝、65年シーズン382奪三振）が「サイドスローにするか、トラックの運転手にしたほうがいい」と、マサの投球への感想を述べたそうだ。

しかし、1Aのチームメイトだったメキシコ人内野手が遊びで投げていたスクリューボール（カーブの逆方向のような軌道を描く変化球）を教えてもらって投げたところ、自分にフィットした。そこから野球人生が劇的に好転する。

スクリューを投げるようになったから、帰国後はやはり腕が少し下がっていた。「変

化球」というのは、高目は抜ける率が高い。低目にいって初めてしっかり変化する。そして、ホームベースの「内角・外角への投げ分け」は、正しい投球フォームからの投げ込みによって会得できる「技術」だ。

しかし、高目と低目。「低目に投げる」のに必要なのは技術ではなく、「気持ち」だ。

捕手がよく「低目に投げろ、低目に投げろ」と口を酸っぱくして言うのは「意識づけ」を徹底させているわけだ。逆に、その意識がないと「低目」には投げられない。

力いっぱい投げたら、みんな高目に浮いてしまう。１５０キロ出ても全然意味がない。１４０キロを「低目」にきっちり内角・外角に投げ分けるほうが「戦力」になる。その気持ちをどこで養うかといえば、練習でのキャッチボールからだ。

高目では変化しない。マサはきっちりと低目に投げる。「生きた変化」をする。だから打者が手を出す。打っても外野まで飛ばない。ゴロになってしまう。野球とは、投球とは、そういう具合にうまくできている。

だから、１３０キロ前半のスピードでも「最多勝」３度、「最多奪三振」のタイトルを獲れた。

90年代は今中慎二君との左腕ダブルエースだったし、２０００年代に入ってからは川上憲伸君とともに、２人とも最近珍しくなったワインドアップ投法で奮闘した。

最後は球団が「50歳台の選手」を作ろうとして、無理やり15年50歳まで契約したようなところも正直あった。だが、**06年41歳でのノーヒットノーラン、08年42歳で通算２００勝、またチーム勝ち頭の11勝。12年47歳で杉下茂さんを抜く球団最多の通算２１２勝、目を挙げた。**

余談。私など、テレビにしてもラジオにしてもマイクが前にあると、思っていることの半分も話せない。板東英二さん（通算77勝）、江本孟紀さん（通算１１３勝）とはタイプは違うが、マサは頭の回転がいい。饒舌で、「ああなるほどな」という内容をしゃべってくれる。一緒に解説していて非常にラクだ（笑）。

それに、あんなに体が大きいのに試合前は緊張して食事が喉に通らない。

「マサが球場食堂でカレーライスを流し込んでいるときは先発」

公然の秘密だった（笑）。

13 村田兆治

「マサカリ投法」から繰り出すフォークボール

●49年11月27日生まれ、広島県出身。181センチ、78キロ。右投げ右打ち
●福山電波工高→東京・ロッテ（68年ドラフト1位〜90年）
★通算22年＝604試合215勝177敗33セーブ、防御率3・24
★最多勝1度、最優秀防御率3度、最高勝率0度、最多奪三振4度、（最多完封2度、）最多セーブ1度
★沢村賞0度、MVP0度、ベストナイン1度、ゴールデングラブ賞0度、球宴13度
★主な記録＝通算148暴投、開幕投手13度、1試合16奪三振、カムバック賞
★ノーヒットノーラン0度
★特殊球＝フォークボール

兆治君（村田兆治）は私より1歳下。入団2年目の69年に6勝を挙げて頭角を現わし、70年に5勝してリーグ優勝に貢献する。

監督に就任した金田正一さんのアドバイスにより「マサカリ投法」の原型の投球フォームで71年に12勝。

マサカリを上から振り下ろす仕草に似ていることからニックネームがつけられた。あれだけ上段から投げ下ろす投球フォームというのは、そうとう下半身を鍛えないといけない。

よく「腕で投げるのではなく、下半身で投げる」と言われるが、強い下半身があってこそのマサカリ投法だ。だから球威があって、低目にいく。本人に言わせれば、「投手に大切なのは股関節の柔らかさ」だ。

74年にも12勝を挙げ、リーグ優勝と日本一を経験。76年にはついに代名詞となるフォークボールを会得して21勝。

会得するまで米田哲也さん（阪急ほか）の握りを盗んだり、村山実さん（阪神）に教えを乞うたりした。指に球を挟んだまま縄でしばったら激痛で眠れず、さすがに1日で断念したというエピソードも聞いた。

76年〜77年に私が南海にいたとき、コーチのブレイザーがフォークのクセを発見し、三塁コーチャーズボックスから口笛をピーピー吹いて打者に知らせたが、「わかっていても打てないフォーク」だった。

以降、150キロ級ストレートとフォークを武器にエースの座に君臨するが、好事魔多し。

82年右ヒジ故障。83年にスポーツ医学の権威の米国フランク・ジョーブ博士の執刀で、右腕の腱を右ヒジに移植する「トミー・ジョン手術」を受けた。

現在でこそ田中将大（ヤンキース）・大谷翔平（エンゼルス）らヒジの手術は常識だが、当時は「投手がヒジにメスを入れる」などタブー中のタブー。考えられなかった。

2年を費やしたリハビリ。本人の強い意思と節制があったと思うが、復帰できる確証はどこにもなかった。その意味で、日本球界の発展に大きく寄与した1人だ。

85年、日曜日に登板する「サンデー兆治」として開幕11連勝で復活。

89年に通算２００勝。翌90年には10勝８敗２セーブで、49年若林忠志さん（阪神）以来、史上２人目の40歳代２ケタ勝利を記録したが、そのまま余力を残して引退した。「昭和生まれの明治男」と呼ばれるほど武骨な選手で、座右の銘は「人生先発完投」。89年16完投が、翌90年４完投に終わったのがどうにも納得いかなかったらしい。

06年、イベントで古田敦也君（ヤクルト）と勝負。57歳ながら１４０キロのストレートと落差20センチのフォークボールで周囲の度肝を抜く。「１イニングならいまでも通用する。ウチのチームに欲しい」という古田に対し、「オレは先発しかやらねえんだ！」と答えている。

07年のセ・パ交流戦では始球式投手を務め、１３５キロをマーク。先発のアンダースロー・渡辺俊介（ロッテ）の全投球より速かった。

最後までストレートとフォークにこだわっていた。日本最多の１４８暴投はフォークへのこだわりの証と、大いなる勲章だ。

14　北別府学

広島黄金期のエース

●57年7月12日生まれ、鹿児島県出身。181センチ、85キロ。右投げ右打ち
●都城農高→広島（76年ドラフト1位～94年）
★通算19年＝515試合213勝141敗5セーブ、防御率3・67
★最多勝2度、最優秀防御率1度、最高勝率3度、最多奪三振0度、（最多完封1度）
★沢村賞2度、MVP1度、ベストナイン2度、ゴールデングラブ賞1度、球宴7度
★主な記録＝380被本塁打（セ最多）
★ノーヒットノーラン0度
★特殊球＝スライダー

ペイ（北別府学）は、広島が初優勝した75年秋のドラフト会議で1位指名された。入団時、広島には同じ年代で好投手が4～5人いた。「そのうちの1人か2人、将来の戦力になってほしいものだ」と、古葉竹識監督がよく言っていた。

ペイと同じ年のドラフト会議では2位・山根和夫君（勝山高→日本鋼管福山＝通算78勝）、4位・小林誠二君（広島工高＝通算29勝20セーブ）がいた。

社会人出の山根君は、80年14勝・84年16勝。サイドスローの小林君が84年ストッパーで55試合11勝9セーブ。ペイとともに古葉監督の期待に沿って優勝に貢献した。

ペイは若いころからコントロールを意識して投げていた。頭がいい子だった。特別に速い球を投げるわけではなかったから、自分の技量をよくわきまえていた。

「低目にほおってナンボ。コースに投げ分けてナンボ」だと。

リンゴみたいに頰が真っ赤な可愛い顔をして、ブルペンで投げている姿は、本当に野球少年というイメージだった。よく走って練習して、1球、1球を、それは大事に投げていた。

コントロールには絶対の自信を持っていて、ボール・ストライクの判定に疑問がある場合は、寸分違わぬコースに連投して、球審を試していた。セ・リーグ審判部長の田中俊幸さんは、こう語る。言い換えれば、審判からの最大級のほめ言葉だ。

「北別府の先発試合は、他投手の2倍疲れるよ」

ペイの「特殊球」はスライダーで、セ最多の通算380被本塁打。

「スライダー投手」は、被本塁打が多い宿命にある。スライダーは便利だけど、半面、危険。言わば「両刃の剣」だ。鈴木啓示さん（近鉄）は560被本塁打だし、東尾修君（西武）も412被本塁打だ。

「球の回転」がストレートより少ない分、高目に浮くと棒球になってしまう。だから「変化球のスッポ抜けは遠くに飛ばされる」というのは、このことだ。

しかも、シュートは打者に恐怖心があって踏み込めないが、スライダーは思い切って踏み込める。打者はバットのヘッドを回すだけでも打球は遠くへ飛んでいく。

さらに、もう1つ怖いのは**「スライダーを投げた次のストレート」が、どうしても甘くなる。**人差し指と中指でしっかり球を「切っている」うちはいいが、スライダーを

「置きに」いった感覚で、次のストレートを投じると、どうしても高く球に力がないから本塁打される。

とはいえ、ペイはプロ3年目の78年から11年連続2ケタ勝利。**特に79年17勝、80年12勝、84年13勝、86年18勝、91年11勝と、実に5度のリーグ優勝にエースとして貢献。「広島優勝の申し子」のような投手だった。**

中でも86年は9月〜10月に7連勝し、巨人を抑えての逆転優勝の原動力になりMVP。そのシーズンはリーグ最多の17完投をマークしながら、優勝を決めた試合は8回終了時に首脳陣に直訴して津田恒実君にマウンドを譲った。

脳腫瘍により32歳の若さで生涯の幕を閉じることになった「炎のストッパー」津田君の唯一の「胴上げ投手」の栄誉だった。

15 黒田博樹

「最後の1球」を広島で

●75年2月10日生まれ、大阪府出身。185センチ、93キロ。右投げ右打ち
●上宮高→専大→広島（97年ドラフト2位）→ドジャース（08年）→ヤンキース（12年）→広島（15年～16年）
★通算20年＝533試合203勝184敗1セーブ、防御率3・51
★最多勝1度、最優秀防御率1度、最高勝率0度、最多奪三振0度、（最多完封0度）
★沢村賞0度、MVP0度、ベストナイン1度、ゴールデングラブ賞1度、球宴5度
★主な記録＝5年連続2ケタ勝利（米）
★ノーヒットノーラン0度
★特殊球＝ツーシーム（シュート）

プロ入り当初のクロ（黒田博樹）は、150キロ級のストレートを投げてもコントロールに難があった。1年目の97年は6勝9敗。135投球回で63与四球。つまり9イニング平均4・20与四球。

それが、「最優秀防御率」のタイトルを獲った06年のシーズンは13勝6敗。189投球回で21与四球。9イニング平均1・00与四球という、とてつもない「精密機械」に変貌を遂げたのだ。

その06年が終わったとき、FA移籍の可能性があった。私は広島OB、かつ阪神OBである。さらに黒田は同じ大阪出身でもある。阪神サイドから私に連絡が入った。

「黒田を欲しいんですよ。何とかならないものですかね」

「じゃあ、いっぺん話してみるよ」

クロから私にあいさつの電話が入ったときに話した。

「メジャーでなく、日本の他球団に行く選択肢もあるんなら、阪神に来いよ」

ただ、広島市民球場のスタンドに突如出現した巨大な横断幕の文章で、クロの腹は少なからず決まったようだ。

――「我々は共に闘って来た。今までもこれからも…未来へ輝くその日まで君が涙を流すなら君の涙になってやるＣａｒｐのエース黒田博樹」

「僕が他球団のユニフォームを着て、カープのファン、カープの選手を相手に投げるのが、自分の中で想像つかなかった」と、クロは「生涯広島」を宣言した。クロはＦＡ行使を先延ばしにして1年間広島で投げ、メジャーに挑戦したのだ。

メジャーではドジャースとヤンキース、名門のユニフォームをまとった。**5年連続2ケタ勝利、5年連続190投球回以上登板。**

クロは日本にいるとき、シーズン最多完投のシーズンが6度あり、「ミスター完投」と呼ばれた時期もあったが、クロ自身、**「メジャーで感じた。いくら9回完投しても、次の登板でKOされたら意味がない。7回、7回と連続して投げたほうがチームへの貢献度は高い」**と話している。

この意識は現在の日本球界にも定着してきている。

また、メジャーを経験したクロは、いわゆる「フロントドア」と「バックドア」を駆使するようになった。

「フロントドア」とは、右投手の場合、右打者の体側から真ん中に入るカットボール、もしくは左打者の体側から真ん中に入るツーシーム（シュート）を投げること。

「バックドア」とは、右投手の場合、右打者の外角から真ん中に入るツーシーム（シュート）、もしくは左打者の外角から真ん中に入るスライダーを投げること。

「打者が死球を覚悟したところ、少し変化して見逃し三振という『フロントドア』が1番気持ちいい」（黒田）

メジャー・リーグでは、打者のジャストミートをわずかにはずす「少しだけ動く」変化球が重用される。クロは、**ストレート重視の「軸足」より、変化球重視の「踏み出したほうの足」で投げるタイプ。**メジャーにはそういう投手が多い。

15年クロは「最後の1球は広島で投げたい」と年俸20億円（推定）の大型契約を蹴り、年俸4億円（推定）の広島に復帰。何という「男気」、「男前」な心意気だろう。

「黒田イズム」が浸透したのか、16年の広島は91年以来25年ぶりのリーグ優勝、広島はそこから巨人以外で初めての「リーグ3連覇」を果たすのである。

16 堀内恒夫

「新人王」「ゴールデングラブ賞」「1試合3本塁打」

●48年1月16日生まれ、山梨県出身。178センチ、73キロ。右投げ右打ち
●甲府商高〈甲子園〉→巨人（66年ドラフト1位〜83年）
★通算18年＝560試合203勝139敗6セーブ、防御率3・27
★最多勝1度、最優秀防御率1度、最高勝率3度、最多奪三振0度、（最多完封0度）
★沢村賞2度、MVP1度、ベストナイン2度、ゴールデングラブ賞7度、球宴9度、新人王
★主な記録＝新人開幕連勝13、投手の1試合3本塁打
★ノーヒットノーラン1度
★特殊球＝カーブ

ホリさん（堀内恒夫）は、私より1学年上。66年開幕13連勝で新人王を獲っている。小学生時代、機械に右手人差し指を挟まれて1センチ切断。失礼ながら、まさに「ケガの功名」。**大きなドロップカーブを生み出す要因になった。**

当初、広岡達朗さん（66年を最後に引退）の後釜のショートとしても考えられていたそうで、打球処理が抜群に上手かったし、クイックモーションはあの盗塁王・福本豊さん（阪急）が速さと巧さをほめていたほど。

この本を出すにあたって「200勝投手」を調べていて思ったが、新人王は稲尾和久さん（西鉄）、野茂英雄君（近鉄）と3人だけ。ゴールデングラブ賞の複数受賞も他に東尾修（西武＝5度）ぐらい。しかもホリさんは通算21本塁打を放った。野球センスが高かったんだ。

私はノーヒットノーランの試合で「延長戦サヨナラアーチ」を打っているが、ホリさんは67年ノーヒットノーランの試合で「1試合3本塁打」をマークした。その試合中のコメントには恐れ入るばかりだ。

「4本塁打目は逃がした。しょうがない。ノーヒットノーランでもやるか」

阪神―巨人の伝統の一戦でもよく投げ合った。お互い「通算100勝目」のときも、「通算150勝目」のときも激突した。100勝目のときはホリさんに軍配が上がったのだが、150勝目のときは私が勝たせていただいた。

中村勝広君（のちの阪神の監督）は年間本塁打が10本いくかどうかだったが、ホリさんをカモにして、よく打った。だから、相手が左腕の高橋一三さんのときは点が取れなかったが、ホリさんのときは乱打戦に持ち込んだ。

「カーブを投げるときのクセを知っているんです」

「チームメイトにも教えてやれよ」

「いえ、相手のエースを打てる。これは僕の財産ですから」

巨人V9時代、MVPは王貞治さん5度、長嶋茂雄さん3度、ホリさん1度（72年シーズン26勝）。ON以外、ホリさんしか「MVP」獲得選手はいなかった。

さらに巨人V9時代、「名球会」の条件をクリアした投手もホリさんしかいなかった（打者は柴田勲）。

ＯＮを敵にすることがなかったとはいえ、このような成績を残しているのはホリさんだけなのだから、巨人投手陣の中で力は傑出していたと言っても過言ではない。

ホリさんは現役時代に「甲府の小天狗」「悪太郎」の異名を取ったように自由奔放な言動が多かった。しかし、先発日の前日にアルコールは口にしなかったし、ミーティングでも居眠りをしているようでしっかり全部ノートを書いたそうだ。誤解されがちだが、野球に関して真摯に取り組む人だった。

17 平松政次

「カミソリシュート」で甲子園優勝投手初の200勝

●47年9月19日生まれ、岡山県出身。176センチ、74キロ。右投げ右打ち
●岡山東商高〈甲子園〉→日本石油→大洋・横浜（67年第2次ドラフト2位〜84年）
★通算18年＝635試合201勝196敗16セーブ、防御率3・31
★最多勝2度、最優秀防御率1度、最高勝率0度、最多奪三振0度、（最多完封0度）
★沢村賞1度、MVP0度、ベストナイン2度、ゴールデングラブ賞0度、球宴8度
★主な記録＝通算120与死球（セ最多）
★ノーヒットノーラン0度
★特殊球＝シュート

平松政次さんは高3春のセンバツ甲子園で、藤田平さん（のちに阪神）を擁する市和歌山商高を決勝で破って全国制覇。夏は倉敷商高の松岡弘さん（のちにヤクルト＝68年ドラフト5位）、関西高の森安敏明さん（のちに東映＝66年ドラフト1位）をくだして、春夏甲子園連続出場。

平松さんは日本石油に進み、大洋に67年第2次ドラフト2位で指名されたが、入団を保留。「都市対抗野球」で優勝して橋戸賞（MVPに相当）を受賞、2日後に大洋に入団。高校の先輩である秋山登さん（のちに大洋監督）も平松さんを説得に赴いたそうだ。

それにしても当時の岡山には好投手が目白押し。松岡さんの高校1年先輩には星野仙一さんがいた。それに、私が見てきた中で「プロ野球史上最速投手はヤスベエ（森安）だ」と実は思っている。酒好きで肝硬変で亡くなったが、大親友だった。

さて、平松さんのプロ入りは私と同じシーズンになった。平松さんも長嶋茂雄さんが憧れで、投手なのに1年だけ「背番号3」。のちに野球漫画『新巨人の星』（76年）で、右投げに転向した星飛雄馬が「背番号3」をつけて復活したが、カッコよかった。

平松さんは入団1年目の67年3勝、68年5勝。練習中、先輩打者に「甲子園、社会人

優勝投手がこんな球しか投げられないのか」とからかわれ、投げたことのないシュートを投げたところ、恐ろしく曲がった。これが「カミソリシュート」誕生秘話だ。

69年14勝と頭角を現わし、70年25勝を挙げ、遂に「最多勝」のタイトルを獲得。正直、最初はそんなにすごい投手とは思わなかったが、投げ合っているうちに、すごさがわかった。1球目と同じように１００球目も球威が衰えない。スタミナだ。

カミソリシュートは右打者にとって脅威だった。三村敏之（広島）は3度頭に当てられた。故意ではないが、逃げられない。それだけ鋭く食い込んできていた証拠。だから「カミソリ」なんだ。

長嶋茂雄さんが最も苦手とした投手としても有名で、対戦通算１８１打数35安打、打率・１９３（8本塁打、内野ゴロ65、三振33）。

平松さんの「２００勝達成記念パーティー」のコメントを紹介しよう。

「寝ても覚めても平松のシュートが頭を離れなかったんです」

「堀内恒夫さんの打撃がよかった」ことを前述したが、投手の本塁打は1位・金田正一さん（国鉄ほか）38本、2位・別所毅彦さん（巨人ほか）35本、3位・米田哲也さん（阪急ほか）33本、4位・平松さん25本、5位・堀内恒夫さん（巨人）21本。

野球記者「対巨人戦51勝を含む通算200勝。引退も悔いはないでしょう？」

平松「いや、1度も優勝できなかった……」

（編集部注／巨人戦1位国鉄・金田正一65勝72敗、2位平松51勝47敗、3位中日・山本昌43勝44敗、4位阪神・村山実39勝55敗、5位中日・杉下茂38勝43敗、6位阪神広島・江夏豊35勝40敗、6位中日・星野仙一35勝31敗、8位広島阪神・安仁屋宗八34勝38敗、8位ヤクルト・松岡弘34勝46敗、10位広島・川口和久33勝31敗。）

だが、優勝はチーム力に左右される。200勝の4分の1が巨人戦。しかも堂々の勝ち越し。**さらに「甲子園優勝投手はプロで活躍できない」ジンクスを打破した。「甲子園優勝投手」初の名球会入りだ（打者転向で「名球会」入りは巨人・王貞治と柴田勲）。**

18 野茂英雄

「トルネード」からのフォークで三振の山を築いた〝先駆者〟

●68年8月31日生まれ、大阪府出身。188センチ、99キロ。右投げ右打ち
●成城工高→新日鐵堺→近鉄（90年ドラフト1位）→ドジャースほか（95年～08年）
★通算19年＝462試合201勝155敗1セーブ、防御率3・86（日米通算）
★最多勝4度、最優秀防御率1度、最高勝率1度、最多奪三振4度、（最多完封2度）
★沢村賞1度、MVP1度、ベストナイン1度、ゴールデングラブ賞0度、球宴6度（日本5、米国1）、新人王（日米）
★主な記録＝1試合17奪三振、1試合16与四球、開幕投手5度（日2、米3）
★ノーヒットノーラン2度（メジャー）
★特殊球＝フォークボール

野茂英雄君は90年ドラフト1位。あの年は69年に次ぐ「豊作ドラフト」だった。結果的に「名球会」入りしたのは、前田智徳君（広島4位）、古田敦也君（ヤクルト2位）、佐々木主浩君（横浜1位）ら。そんな中、**史上最多の8球団が野茂を指名、**近鉄が交渉権を獲得した。

〈編集部注／他に佐々岡真司（広島1位）、与田剛（中日1位）、新庄剛志（阪神5位）、石井浩郎（近鉄3位）、潮崎哲也（西武1位）、元木大介（ダイエー1位＝入団せず）、小宮山悟（ロッテ1位）〉

当時テレビ朝日「ニュースステーション」のあとの時間帯の「トゥナイト」という番組の中で、週1回15分、私がコーナーを持っていた。そこに仰木彬監督（近鉄）と指名された野茂君が緊急出演してくれた。野茂君とはそれ以来の付き合い。「同じ大阪の無名校出身、頑張ろうぜ！」ということで、私を慕ってくれている。

野茂君は高校卒業後、社会人野球の新日鐵堺でスライダーが覚えられず、代わりにフォークボールをマスターした。

いいフォークの投げ手は、高目に浮かさせない。完全なボール球が少ない。先ほども述べたように、「内角・外角は技術」「高目・低目は気持ち」が大事だ。「無我夢中で投げて、たまたまそこへいった」というのではなく、「絶対低目に投げるんだ！」という強い意思があるからこそ低目にコントロールされる。野茂君自身も「ここへ落とすんだという強い意志を持って投げている」と語っていたのが印象深い。

近鉄で入団以来4年連続最多勝。大きく振りかぶったあと、左足を引き上げた勢いで体をねじってパワーを蓄え、一気に投げ下ろす。威力あるストレート、近代フォークの第一人者。三振の山を築いて「ドクターK」（三振博士）とも呼ばれた。また、独特の投げ方には「トルネード投法」のニックネームが冠せられた。

大阪の私の可愛い後輩と、私の親友の監督（鈴木啓示）。どうにもソリが合わないようで野茂君は退団したが、一人前の仕事をしてきた大人同士。それならそれで仕方ない。

95年に野茂君が海を渡ったとき、メジャーはストライキという大問題を抱えていた。野球自体がやれるか否かの苦しい時期に行って、野球が解禁になるまで毎日ハンバーガーで堪えていたのだから、その精神力、「野球好きの情熱」には頭が下がる。

１９９５年から２０１９年までの四半世紀、のべ58人（投手43人）の「日本人メジャー・リーガー」が誕生。現在でこそ「日本で実績を残して海外ＦＡ権（９年）を取得したらメジャー・リーグ」が既定路線だが、その道を開拓してくれたのが野茂君。

メジャー新人王は、野茂君（95年）、佐々木主浩君（00年）、イチロー君（01年）、大谷翔平君（18年）とわずか４人。残した足跡の偉大さがわかろうというものだ。

メジャーでノーヒットノーラン２度。特に１回目、ドジャース在籍時の対ロッキーズ戦。高地で打球が飛ぶ「打者天国」と言われるクアーズ・フィールドでの達成者は、17年時点で野茂君しかおらず、大きな価値がある。

メジャー通算の勝ち星は、田中将大君（ヤンキース）75勝、黒田博樹君（ドジャースほか）79勝を大きく引き離す、１２３勝。

それにしても、野茂君に関しては心配事が1つ。無類の「酒好き」ということだ。ドジャース時代、移動の飛行機内で野茂君がビールを35杯飲んだのをチームメイトが目撃している。私との食事でも丼鉢でワインをグイグイ飲む。少し太り過ぎ。体を大事にしないといかんぞ！　この場をお借りして忠告しておく。

19　斎藤雅樹

平成の「ミスター完投」

●65年2月18日生まれ、埼玉県出身。181センチ、90キロ。右投げ右打ち
●市立川口高→巨人（83年ドラフト1位～01年）
★通算18年＝426試合180勝96敗11セーブ、防御率2・77
★最多勝5度、最優秀防御率3度、最高勝率3度、最多奪三振1度、（最多完封7度）
★沢村賞3度、MVP1度、ベストナイン5度、ゴールデングラブ賞4度、球宴6度
★主な記録＝11試合連続完投勝利、3年連続開幕戦完封勝利、シーズン最多完封7度
★ノーヒットノーラン0度
★特殊球＝シンカー

甲子園で1年夏から脚光を浴びた荒木大輔君（早稲田実高→ヤクルト83年ドラフト1位）との練習試合での好投で斎藤雅樹君は一躍注目を集めた。

投球時の腰の回転が「サイドスロー向き」だという当時の藤田元司監督のアドバイスもあって、サイドスローに転向し、頭角を現わす。

周囲からは「ノミの心臓」と揶揄されたが、藤田監督からは「お前は気が小さいんではない。気が優しいんだ」と指導された。

逆に私は、斎藤君は「超強気」だと思っている。なぜかと言えば打者の胸元にスライダーを敢然と投げ込んでいったから。

右のサイドスロー投手は、球の出どころが見やすい「左打者への対処法」が最大の課題となる。最終的には外角シンカーで勝負するにしても、その球に手を出してくれるよう、その前にどれだけ胸元にほおれるか。

右打者に対しては外角スライダーが武器になるが、やはりそれを投げる前に、胸元にほおっておけば右打者は踏み込めなくて、外角スライダーが生きてくる。

89年には11試合連続完投勝利（計21完投）を含む20勝、翌90年にも8試合連続完投勝

利（計19完投）を含む20勝を挙げ、「平成のミスター完投」「平成の大投手」の評価を周囲から受けた（通算113完投、シーズン最多完封7度）。

巨人の代表的な抑え投手は角三男君93セーブ、クルーン93セーブ、西村健太朗君81セーブ、石毛博史君80セーブ。斎藤君の現役時代は石毛君が抑え投手を務めていたが、長きにわたり務められる抑え投手はいなかった。そんな事情はあるにせよ、「先発」「中継ぎ」「抑え」という役割分担が確立しつつあった時代に、この完投数は立派だ（96年から「最優秀中継ぎ投手」の表彰が正式に始まる）。

斎藤君の1年先輩には槙原寛己君（通算159勝、113完投）、1年後輩には桑田真澄君（通算173勝、118完投）と、完投能力を有する強固な「先発3本柱」がそろっていた。94年、ペナントレース最終戦に勝ったほうが優勝という中日との「10・8決戦」は、先発・槙原（1回）―中継ぎ・斎藤（5回＝勝利投手）―抑え・桑田（3回）とつないだ。ここでも最多のイニング数を投げた。

94年から96年まで「3年連続開幕戦完封勝利」も驚異的だ。大きなプレッシャーがかかる開幕戦を無失点で最後まで投げ切った。

（編集部注／97年は「4年連続開幕戦完封勝利」を狙ったが、ヤクルト・小早川毅彦に1試合3本塁打を浴び達成ならず）

98年のシーズン終了時点で通算170勝、まだ33歳。通算200勝にあと3年もあれば到達すると思いきや、その3年間で計10勝。斎藤君の投手生活はピリオドをうった。

裏返せば、斎藤君ほどの投手でも届かない。いかに200勝が大変か。

「沢村賞3度」は、杉下茂さん、金田正一さん、村山実さんら計4人しかいない。沢村賞の選考基準は7つあって、「15勝」「防御率2・50以下」「奪三振150」「登板25」「投球回200」「勝率6割」「完投10」。

19年候補者の完投数は山口俊君（巨人）0、有原航平君（日本ハム）1、千賀滉大君（ソフトバンク）2。19年ぶりの該当者なし。圧倒的に「完投」が足りないのだ。

通算勝率は、実に・652。斎藤君が、球史に残る投手なのは間違いない。

20 杉浦忠

「投手五冠」の本格派サイドスロー

●35年9月17日生まれ、愛知県出身。176センチ、71キロ。右投げ右打ち
●挙母高→立大→南海（58年〜70年）
★通算13年＝577試合187勝106敗、防御率2・39
★最多勝1度、最優秀防御率1度、最高勝率1度、最多奪三振2度、（最多完封1度）
★沢村賞0度、MVP1度、ベストナイン1度、ゴールデングラブ賞0度、球宴6度、新人王
★主な記録＝投手五冠（沢村、スタルヒン、藤本、杉下、杉浦、江川、斎藤和巳）
★ノーヒットノーラン0度
★特殊球＝カーブ

杉浦忠さん（南海）は70年まで現役、私は67年に阪神入団。同じプロのグラウンドに立ったとはいえ、「太く短く」の杉浦さんは全盛期を過ぎていた。

杉浦さんは立教大時代、同期の長嶋茂雄さん（のちに巨人）と「エースと4番」の間柄だった。南海入りしてからは、それこそ私の恩人で、杉浦さんと同い年の野村のおっさん（野村克也）がバッテリーを組んでいた。

おっさんから杉浦さんの話をよく聞いた。

アンダースローなのに本格派。打者のヒザ元だと思ったストレートがググっとすごい勢いで浮き上がってくる。

右打者の背中に当たると思った球は、グイグイっと曲がってストライクゾーンに収まるカーブ。打者は思わず尻もちをついてしまう。

「ワシの27年間の現役生活、対戦した中では稲尾和久（西鉄）、球を受けた中では杉浦が1番や。59年は38勝4敗。38勝ったのもすごいが、4つしか負けなかったのがすごい。自分がリードしていてナンだが、コイツはいつ負けるんだろうと思っていたよ」

稲尾さんとのエース直接対決は、通算24勝24敗だった。

その59年、「最多勝利」「最優秀防御率」「最高勝率」「最多奪三振」「最多完封」の投手五冠。沢村栄治さん（巨人）、スタルヒン（巨人）、藤本英雄さん（巨人）、杉下茂さん（中日）、杉浦さん（南海）、江川卓君（巨人）、斎藤和巳君（ダイエー）の順で、歴代7人しか達成していない偉業だ。

先述したように、プロ野球は長距離打者の長嶋茂雄さん（巨人）、王貞治さん（巨人）、中西太さん（西鉄）、野村克也さん（南海）の出現以来、野球が変わった。だから今回は2リーグ分立（50年）以降の投手を選んでいるが、杉浦さんは58年入団の投手だ。

打者の三冠王は、中島治康さん（巨人）、野村克也さん（南海）、王貞治さん（巨人）2度、落合博満君（ロッテ）3度、ブーマー（阪急）、バース（阪神）2度、松中信彦君（ダイエー）と、7人（延べ11回）が達成している。

「トリプル・スリー」（打率3割、30本塁打、30盗塁）は、岩本義行さん（松竹）、別当薫さん（毎日）、中西太さん（西鉄）、簑田浩二君（阪急）、秋山幸二君（西武）、野村謙二郎君（広島）、金本知憲君（広島）、松井稼頭央君（西武）、山田哲人君（ヤクルト）

3度、柳田悠岐君（ソフトバンク）と、10人（延べ12回）。

言わば、杉浦さんの「投手五冠」は、打者の三冠王やトリプル・スリーに並び称される大記録と言っても過言ではないのだ。

言わずもがな、59年巨人との日本シリーズ「4連投4連勝」は伝説の大ヒーローだ。

落合博満君いわく「通算200勝の名球会。あの杉浦さんが入れていないとは……」

張本勲さん（ロッテほか）いわく「アンダースローのトップ3は、1に杉浦忠さん（南海＝通算187勝）、2に秋山登さん（大洋＝通算193勝）、3に山田久志（阪急＝通算284勝）だ」

杉浦さんの実力をよく言い表した言葉ではないか。

01年、杉浦さんはマスターズ・リーグ（オフに行われるプロ野球OBの興行）の開催中、札幌のホテルで入浴中に亡くなった。20年、奇しくも「恋女房役」野村克也さんが亡くなったのも自宅での入浴中だった。

いまごろ、天国でバッテリーを再結成していることだろう。

21 江川卓

ストレート待ちの打者をストレートで牛耳った「怪物」

●55年5月25日生まれ、福島県出身。183センチ、90キロ。右投げ右打ち
●作新学院高〈甲子園〉→法大→作新学院職員→阪神（79年ドラフト1位）→巨人（79年途中〜87年）
★通算9年＝266試合135勝72敗3セーブ、防御率3・02
★最多勝2度、最優秀防御率1度、最高勝率2度、最多奪三振3度、（最多完封4度）
★沢村賞0度、MVP1度、ベストナイン2度、ゴールデングラブ賞0度、球宴8度
★主な記録＝投手五冠
★ノーヒットノーラン0度
★特殊球＝ストレート

江川卓君（巨人）は「怪物」だった。

「怪物」は高3春のセンバツ甲子園でベールを脱いだ。日本中の耳目を集めた。1回戦の北陽高戦（大阪）、初回先頭打者から11者連続奪三振。準決勝で達川光男君（のちの広島）のいた広島商高戦、エラーで敗れるのだが、計4試合で60奪三振。

高3夏の甲子園は、2年生エース・土屋正勝君（75年中日ドラフト1位）を擁する銚子商高と2回戦で対決。雨中の延長12回押し出しサヨナラ負けを喫した。

法大4年間8シーズンで通算47勝。プロデビューは79年開幕2か月後の6月。初登板でラインバック（阪神）に本塁打を浴び、のちに同い年の掛布雅之君（阪神）に語った。

「プロってすごいよな。オレの球に当てるんだから」

江川君はプロ2年目の80年から16勝・20勝・19勝、完投18、20、24。3年連続防御率2点台、3年連続「最多奪三振」のタイトル。81年は「投手五冠」に輝く。

当時広島に在籍していた私は79年・80年と優勝を果たし、81年は移籍した日本ハムで、江川君のいる巨人と日本シリーズを戦った。

81年日本シリーズ第6戦。最終打者・五十嵐信一君のバットを剛球でへし折りフラフラと上がった飛球、野手を制して歓喜の日本一ウイニングボールを自らつかんだ。

球種はバックスピンがきいた伸びのあるストレート、大きく縦に割れるカーブだけ。**私が定義する「怪物投手」とは、「ストレートしかない場面で堂々とストレートをほおって、バッターを牛耳ることができるピッチャー」のことだ。**

いろいろな先輩方に私はこれまで聞いてきた。

「歴代のピッチャーの中で1番速かったのは誰ですか」

日本プロ野球史上唯一、巨人と阪神の監督を務めた藤本のおじいちゃん（定義＝歴代1位の29年の監督生活を誇る）は述懐した。

「沢村栄治（巨人）や。沢村は速かったよ。ノーヒットノーラン3度や！」

戦前の話は伝説だ。ちょっと古すぎてわからない（苦笑）。

「シュート打ちの名人」山内一弘さん（大毎ほか）、「怪童」中西太さん（西鉄）。２人の本塁打王は口をそろえた。

「尾崎行雄だ！　球種がストレートしかないから、当然ストレートしか待っていない。

それでも当たらないんだよ。あんなピッチャー初めてだ」

浪商高2年夏、甲子園全国制覇。中退、東映入り。本来なら高3の年齢。62年いきなり20勝（9敗）。当時私は中学2年。尾崎さんは紛れもない「怪物」だった（通算107勝）。

「そして江川も速かった。尾崎行雄に勝るとも劣らない」（山内、中西）

ただ、以降の江川君は右肩を痛め、完投数も奪三振数も激減。江川君は、はじめの4年間は怪物だったが、あとの5年間は「並みの投手」だった。球数が100球を越えると球威が極端に落ちることから「100球肩」とも揶揄された。

「通算135勝72敗3セーブ」をどう見るか。1年平均15勝8敗。「現在の15勝は昔の20勝に相当する」という本人の発言に関しては賛否両論だった。

87年、自信を持って投げ込んだストレートを小早川毅彦君（広島）に本塁打されて引退を決意。87年は13勝を挙げたが、「怪物」は自らのプライドが許せなかったに違いない。周囲の慰留を押し切って決断した。それでこそ「怪物」たるゆえんである。

22 斉藤和巳

負けないエース、悲運のエース

●77年11月30日生まれ、京都府出身。192センチ、97キロ。右投げ右打ち
●南京都高→ダイエー・ソフトバンク（96年ドラフト1位〜10年）
★通算11年＝150試合79勝23敗0セーブ、防御率3・33
★最多勝2度、最優秀防御率2度、最高勝率3度、最多奪三振1度、（最多完封1度）
★沢村賞2度、MVP0度、ベストナイン2度、ゴールデングラブ賞0度、球宴2度
★主な記録＝投手五冠
★ノーヒットノーラン0度
★特殊球＝フォークボール

斉藤和巳君は、入団当時のホークスに「斉藤姓」がほかに2人いたことから登録名が「カズミ」になった。

カズミ君は96年ドラフト1位なのに、なかなか第一線に出てこないなと思っていたら（02年まで9勝）、03年にいきなり開幕投手を務め、一気にエース格にノシ上がった。当時のホークスは左右の好投手がそろっていて黄金時代を築き、年上のカズミ君が兄貴分だった。

・寺原隼人（83年生。日南学園高↓02年ドラフト1巡＝通算73勝）
・杉内俊哉（80年生。鹿児島実高↓三菱重工長崎↓02年ドラフト3巡＝通算142勝）
・和田毅（81年生。浜田高↓早大↓03年ドラフト自由枠＝日米通算135勝）
・新垣渚（80年生。沖縄水産高↓九州共立大↓03年ドラフト自由枠＝通算64勝）

03年に16連勝を含む20勝3敗、05年に15連勝を含む16勝1敗、06年に18勝5敗。その06年には史上7人目、81年の江川卓君に次ぐ25年ぶりの「投手五冠」に輝いた。

思い出深い試合がある。06年プレーオフ。野球ファンはもちろん、他チームの選手も脳裏に刻まれているのではないか。

10月7日ファーストステージ第1戦で松坂大輔君（西武）と、10月12日セカンドステージ第2戦では八木智哉君（日本ハム）と投げ合った。肩に不安を抱えるカズミ君は6年ぶりの「中4日」先発だった。2試合とも、0対1の完投敗戦。

特に10月12日は9回二死一・二塁から稲葉篤紀君の二塁内野安打の間に二塁走者が生還。日本ハムは25年ぶりのリーグ優勝、ソフトバンクは3年連続プレーオフ敗退となった（04年1位、05年1位、06年3位）。

日本ハムナインの歓喜の輪のすぐ横で、右ヒザをついてマウンドでうずくまった。両脇を抱えられながらマウンドを降り、グラウンドを引き上げた。

「ナインに信頼されるのがエース」だというポリシーを持つカズミ君は、エースとしての責任を、双肩ならぬ自らの右腕にすべて背負い込んだ。

しかし、勝ちがあるから負けもある。光と陰のコントラスト。嬉しいときでも怒れるときでも哀しいときでも、そして悔しいときでも、男がこらえきれずに流した涙は美しい。カズミ君の野球にかける熱き思いは、野球ファンの心を強烈に揺さぶった。

07年に肩を痛め、通算勝利自体は79勝に終わっているが、通算勝率・775。一方で、ポストシーズンは0勝6敗。プレーオフや日本シリーズのポストシーズン、そして開幕戦は、エースが他球団からマークされるため、なかなか勝つのは難しい（斉藤は開幕戦4試合3勝0敗）。

そういえば通算182勝を挙げた西口文也君（西武）にしても、11年に通算10試合目にして初勝利を挙げたように、ポストシーズンは勝てなかった。

192センチの上背から150キロ級のストレートとフォークボールを投げおろす。スライダーとカーブを交える。雄たけびを上げる気迫あふれる投球。03年には松坂大輔君（西武）とのエース対決を3戦全勝で制していた。

「負けないエース」の半面、「悲運のエース」。「太く短く」。野球ファンの記憶に強く残るエースだった。

23　外木場義郎

投手の夢「ノーノー」３度達成

●45年6月1日生まれ、鹿児島県出身。１７５センチ、78キロ。右投げ右打ち
●出水高→電電九州→広島（65年〜79年）
★通算15年＝４４５試合１３１勝１３８敗３セーブ、防御率２・88
★最多勝１度、最優秀防御率１度、最高勝率０度、最多奪三振１度、（最多完封２度）
★沢村賞１度、ＭＶＰ０度、ベストナイン１度、ゴールデングラブ賞０度、球宴６度
★主な記録＝１試合16奪三振（セ・タイ記録）
★ノーヒットノーラン３度
★特殊球＝カーブ

野球は「記録のスポーツ」とも言われる。通算４００勝や通算８６８本塁打のような「蓄積の記録」と、サイクル安打やノーヒットノーランのような「１試合の中での達成の記録」に色分けされる。

ノーヒットノーランは「投手の夢」である。「ノーヒットノーランを達成した瞬間の気持ちはどうでしたか？」と聞かれることは多いが、投げている本人より、守っている野手のほうが緊張して体が固まっているのではないかと思う。

その「投手の夢」を3度達成、伝説の沢村栄治さん（巨人）に並んだ投手が存在する。ソトさん（外木場義郎）だ。ソトさんは、先述した「セ・リーグ６大エース」の１人だ。

その中で１人だけ、ドラフト制度が導入される前年の65年に広島に入団した。プロ１年目の65年、２度目の先発でソトさんは憧れの村山実さん（阪神）と投げ合い、初勝利をノーヒットノーランの偉業で飾った。「夢は正夢」になったのだ。

ヒーローインタビューで「何ならもう１度やりましょうか」と言ったように、向こうっ気、ハートが強かった。私が投げ合って、手強い投手だった。

68年は「完全試合」を含む21勝。ストレートは速く、カーブも一級品。カーブはドロンとした目先をかわすカーブではない。メジャー・リーグに多い、鋭く曲がる「パワーカーブ」だ。

この68年、私は25勝で「最多勝」のタイトルを獲得したのだが、ソトさんが21勝と「最優秀防御率」、ハッちゃん（安仁屋宗八＝64年プロ入り。通算６５５試合１１９勝１２４敗22セーブ）が23勝を挙げ、広島は創設以来初のAクラス入りを果たすのである。

実は、この68年、広島に朝井茂治さんが加入した（60年〜67年阪神、68年〜70年広島）。私がプロ入りの67年、阪神でとても可愛がってもらったのだが、守備が天下一品。それゆえソトさんは右打者への内角ストレート、ハッちゃんは内角シュートを多投できたという裏話がある。

余談だが、70年ブチ（田渕幸一＝阪神）の左こめかみに死球を与えてしまい、それがきっかけで「耳付きヘルメット」がプロ野球界に導入された。ソトさんのストレートはそれほど威力があったということだ。ちなみにソトさんのノーヒットノーラン3度目は72年の巨人戦だった。

郵便はがき

お手数ですが
切手を
お貼りください

150-8482

東京都渋谷区恵比寿4-4-9
えびす大黒ビル
ワニブックス 書籍編集部

お買い求めいただいた本のタイトル

本書をお買い上げいただきまして、誠にありがとうございます。
本アンケートにお答えいただけたら幸いです。
ご返信いただいた方の中から、
抽選で毎月5名様に図書カード(500円分)をプレゼントします。

ご住所 〒 TEL(- -)	
(ふりがな) お名前	
ご職業	年齢 歳
	性別 男・女
いただいたご感想を、新聞広告などに匿名で使用してもよろしいですか? (はい・いいえ)	

※ご記入いただいた「個人情報」は、許可なく他の目的で使用することはありません。
※いただいたご感想は、一部内容を改変させていただく可能性があります。

●この本をどこでお知りになりましたか?(複数回答可)

1. 書店で実物を見て
2. 知人にすすめられて
3. テレビで観た(番組名:　　　　　　　　　　　)
4. ラジオで聴いた(番組名:　　　　　　　　　　　)
5. 新聞・雑誌の書評や記事(紙・誌名:　　　　　　　　　　　)
6. インターネットで(具体的に:　　　　　　　　　　　)
7. 新聞広告(　　　　　　新聞)
8. その他(　　　　　　　　　　　)

●購入された動機は何ですか?(複数回答可)

1. タイトルにひかれた
2. テーマに興味をもった
3. 装丁・デザインにひかれた
4. 広告や書評にひかれた
5. その他(　　　　　　　　　　　)

●この本で特に良かったページはありますか?

[　　　　　　　　　　　]

●最近気になる人や話題はありますか?

[　　　　　　　　　　　]

●この本についてのご意見・ご感想をお書きください。

[　　　　　　　　　　　]

以上となります。ご協力ありがとうございました。

ソトさんもハッちゃんも通算成績は負け越しているが、投げた時代がもう少しあとだったら、2人とも大げさでなく50勝ぐらいは上積みできていたのではないか。

75年、ソトさんは20勝を挙げ、広島は球団創設26年目で悲願の初優勝を遂げた。「最多勝」「最多奪三振」「沢村賞」を獲得。阪急との日本シリーズでは第1戦と第4戦に先発。押しも押されもせぬエースだったのだ。

79年のチーム初の日本一を機に現役を引退。このとき私が広島でご一緒できたのは嬉しかった。

そういえば、ハッちゃんの背番号「15」、ソトさんの背番号「14」が、のちのリリーフエース・津田恒実君に受け継がれた。広島の「エースナンバー」である。

24 岩瀬仁紀

驚異の1000試合登板、通算407セーブ

●74年11月10日生まれ、愛知県出身。181センチ、84キロ。左投げ左打ち
●西尾東高→愛知大→NTT東海→中日（99年ドラフト2位〜18年）
★通算19年＝1002試合59勝51敗82ホールド407セーブ、防御率2・31
★最多セーブ5度、最優秀中継ぎ投手3度
★沢村賞0度、MVP0度、ベストナイン0度、ゴールデングラブ賞0度、球宴10度
★主な記録＝通算登板1002（先発1）、通算セーブ407、シーズン46セーブ（セ記録）、15年連続50試合登板
★ノーヒットノーラン0度
★特殊球＝スライダー

岩瀬仁紀君は、入団時は「中継ぎ投手」を務めていた。当時は「抑え」に宣銅烈やギャラードが君臨していた。岩瀬君が「抑え」に定着したのは、04年落合博満君が監督に就任してからだ。

「記録」は破られるためにある。しかし、金田正一さん（国鉄ほか）の「通算400勝」、王貞治さん（巨人）の「通算868本塁打」、福本豊さん（阪急）の「通算1065盗塁」、口はばったくて恐縮だが、私・江夏豊（阪神）の「シーズン401奪三振」は、日本の特別な記録だと思う。

投手には、相手に点をやらないという意味で「防御率」とか、勝ってこそエースという意味で「勝ち星」「勝率」とか、いろいろ大事な要素がある。しかし、私に言わせるともっと大事なのはチームのために投げる「投球イニング」「登板数」だ。

岩瀬君がみごと「1000試合登板」を達成したが、実は私自身が狙っていた記録だ。私の現役当時、「投手として1000試合」はメジャー・リーグにも存在しなかった。私が西武投手時代、「あと3～4年やれば達成できるかな」と思っていたが、最終的に84年限り、通算829試合36歳でユニフォームを脱いだのだ。

（編集部注／19年現在のメジャーでは１２５２試合オロスコ＝79年〜03年メッツほかを筆頭に、１１１５試合リベラ＝95年〜13年ヤンキース、１０７１試合エカーズリー＝75年〜98年インディアンスなど）

岩瀬君にも直接言ったが、「私の夢でもある１０００試合登板をみごとに果たしてくれた。心からおめでとう！」だ。

さて、岩瀬君は「15年連続50試合登板」など、44歳までマウンドに登り続けた。投手寿命が延びた要因として「スライダー」を習得したことが挙げられる。

「球半個分」ほど懐（ふところ）に食い込むスライダー。右打者を詰まらせる左投手の大きな武器だ。打率２割５分の打者は、打てないから２ストライクに追い込まれるまで手を出さないが、打撃に自信を抱く好打者ほど、打ちにいく。

「胸元」でも「ベルト近辺」でもいい。速くなくてもいい。「球半個分」食い込む。すると、詰まってバットが折れるか、手がしびれる。

左投手の最大の武器は外角へのシュートなりシンカーと言われるが、「本当の武器」

は、その前にいかに「右打者の胸元を攻められるか」に尽きるのだ。

「スライダー」を覚えたことで、鈴木啓示さんも工藤公康君も、そして岩瀬君も投手寿命が延びて「レジェンド」となった。

私は悲しいかな最後までスライダーとシュートが投げられなかった。投げられない代わりに口で、相手打者に聞こえるように言った。

「次スライダーいくぞ」「シュートで勝負だ」

岩瀬君のスライダーは大きく回り込んでいくことから「死の鎌」の異名を取った。

「最優秀中継ぎ投手」のタイトル3度はもちろん、**9年連続30セーブを含む日本では前人未到の通算407セーブをマーク。**「最多セーブ」のタイトルも5度掌中に収めている。

新たな球種を習得するには、本人の努力があったと思う。習得できたからこそ、長い間、貴重な戦力になったわけだ。岩瀬君の登板数とスライダー、称賛に値する。

25 佐々木主浩

38年ぶり日本一に導いた「大魔神」のフォークボール

●68年2月22日生まれ、宮城県出身。190センチ、98キロ。右投げ右打ち
●東北高〈甲子園〉→東北福祉大→横浜（90年ドラフト1位）→マリナーズ（00年）→横浜（04年～05年）
★通算16年＝667試合50勝54敗381セーブ、防御率2・60（日米通算）
★最優秀救援投手5度
★沢村賞0度、MVP1度、ベストナイン1度、ゴールデングラブ賞0度、球宴10度（日8、米2）、新人王（メジャー）
★主な記録＝連続試合セーブ22
★ノーヒットノーラン0度
★特殊球＝フォークボール

佐々木主浩君は『華のドラフト90年組』のひとりだ。当時の須藤豊監督（横浜大洋）が「チームで1番いい投手が抑えを務めるべき」というポリシーのもと、遠藤一彦君に代わり2年目から「抑え」を任されることになった。

150キロを超えるストレートとフォークボールを武器に、95年から4年連続「最優秀救援投手」のタイトルに輝いた。

思えば私は79年のいわゆる「江夏の21球」以降、周囲から「江夏ならどんなピンチでも抑えてくれる」という期待を一身に背負い、正直つらいこともあった。

それだけ、優勝に絡んだシーズンの「負けられない1球の重み」「守護神としてのプレッシャー」は、筆舌に尽くし難いものがある。

横浜は常に優勝を争うチームでなかったということもあり、佐々木君は1点差であろうが3点差であろうが、フォークを3球投げて三振だけ奪って意気揚々と引き上げてくる。それをまたファンが喜んでいたという状況は、やはり寂し過ぎた。

私は「抑え」を経験した先輩投手として敢えて苦言を呈した。

「それじゃあ単なる自己満足に過ぎないんだ。次の対戦のときのために、相手打者の長

所・短所を打席で探れよ。『餌』をまけ。それこそが守護神の役目だ！」

1球もボール球をほおってはいけない。いや、違う。ボール球をほおってもいい。ストライクばかりでは打者を抑えられないんだから。いかにボール球を織りまぜて投球の幅を広げるか。

だがそれ以来、佐々木君は球場で私の顔を見つけると、そそくさと隠れるようになった（苦笑）。

ただ、「フォークボールの元祖」杉下茂さん（中日）の投球はリアルタイムで見ていないから別にしても、**村山実さん（阪神）、村田兆治君（ロッテ）、野茂英雄君（近鉄）とともに佐々木君は「五指」に入る「本物のフォークボール」の使い手だったことは間違いない。**

そして98年には136試合で45セーブを挙げＭＶＰ、日本シリーズを制して横浜は38年ぶり日本一。その胴上げ投手の栄誉に浴したのは、いずれも佐々木君だった。

00年、イチロー君（オリックス）より1年早くＦＡでマリナーズ入りして新人王。00

年から37セーブ、45セーブ、37セーブを挙げたのはたいしたものだ。特に01年はリベラ（ヤンキース）の50セーブに迫る45セーブだ。

04年に日本球界最高の年俸6億5000万円（推定）で横浜復帰（19年巨人・菅野智之も同額）。05年を最後に引退したが、一時代を築いた抑え投手だった。

そういえば、90年阪神ドラフト1位の葛西稔君は、東北高時代に佐々木君の控え投手兼一塁手として甲子園に出場。佐々木君の存在のおかげで、のちの阪神・野村克也監督の奇策「葛西稔・遠山奬志スペシャル」のときの一塁守備に役立ったようだ。

（編集部注／葛西・遠山スペシャル＝右打者のときは右アンダースロー・葛西が登板、そのまま一塁を守り、左打者に対して左サイドスロー・遠山が登板するワンポイント継投）

26 高津臣吾

日米韓台4か国「9回のスペシャリスト」

●68月11月25日生まれ、広島県出身。180センチ、75キロ。右投げ右打ち
●広島工高〈甲子園〉→亜大→ヤクルト（91年ドラフト3位）→ホワイトソックス（04年）→メッツ（05年途中）→ヤクルト（06年）→韓国（08年）→台湾（10年〜10年）
★通算17年＝697試合44勝52敗313セーブ、防御率3・22（日米通算）
★最優秀救援投手4度
★沢村賞0度、MVP0度、ベストナイン0度、ゴールデングラブ賞0度、球宴6度
★主な記録＝日本シリーズ8セーブ（防御率0・00）
★ノーヒットノーラン0度
★特殊球＝シンカー

高津臣吾君との出会いは彼が11歳のとき。79年広島優勝のあと、「広島ファンの高津少年」の叔母さんが営んでいる広島市内の河豚店で対面した。

進学した高校には県内屈指の好投手が存在したことで、高津君はサイドスローに転向。亜大でも同期に91年ドラフトで8球団に指名された小池秀郎君（のちに近鉄）がいた。

プロ2年目に先発投手で5勝を挙げているが、その92年日本シリーズで同じサイドスロー・潮崎哲也君（西武）のシンカーを見た野村克也監督（ヤクルト）が言った。

「高津よ、あのシンカーを覚えられないか」

私は野村のおっさんに「抑え投手として球界に革命を起こしてみないか」と言われたが、私同様、野球人生を左右する大事な言葉だった。

野村監督は選手の「再生法」として、「トレード」と「コンバート」を活用するが、**私にしても高津君にしても「先発投手→抑え投手」というコンバートだった。**

翌93年、私の親友であり、アンダースロー最多284勝の山田久志君（阪急）が評論家として春のヤクルトキャンプを訪れた際に、高津君はシンカーの握りを教わった。

シーズンに入ってからの巨人戦、高津君は野村監督に「ストレート勝負」を命じられ、高卒新人の松井秀喜君に本塁打を浴びたが、記念すべきプロ初セーブをマークした。

野村監督の狙いはストレートに色気を持ち続けるのではなく、本気で「シンカー」を習得させることにあった。

93年「野村・ヤクルト」は初の日本一に輝き、胴上げ投手は高津君。79年の「江夏の21球」が、14年後の野村のおっさん初の日本一に間接的につながっていたのだと思うと、何とも感慨深いものがある。

「セーブ」は優勝争いのせめぎ合いの中で輝きを増すものだが、高津君は優勝チームの守護神として君臨。4度の日本シリーズで稼いだ「通算8セーブ」はシリーズ記録だ(防御率0・00)。

その後も90キロ台・110キロ台・130キロ台の三種の神器ならぬ「3種のシンカー」を駆使。海を渡り、ワールドシリーズ制覇のチャンピオン・リングも手に入れた。

高津君は韓国、台湾、日本の独立リーグ(新潟アルビレックス)にも所属。「9回のスペシャリスト」としてマウンドを踏んだ。

野球記者が話していた。「ふだんは本当に愉快な男だが、こと野球の話になると、冗談ひとつ出てこなくて、逆に面食らってしまうほど。ストイックな姿勢で野球に向き合っている」

名球会入りを果たした抑え投手出身の日本プロ野球監督は、高津君が初めてである。

27 藤川球児

火の玉ストレートが武器の「松坂世代」

●80年7月21日生まれ、高知県出身。185センチ、89キロ。右投げ右打ち
●高知商高〈甲子園〉→阪神（99年ドラフト1位）→カブス（13年）→レンジャーズ（15年）→阪神（16年〜）
★通算19年＝795試合60勝36敗243セーブ、163ホールド、防御率2・13（日米通算）
★最多セーブ2度、最優秀中継ぎ投手2度
★沢村賞0度、MVP0度、ベストナイン0度、ゴールデングラブ賞0度、球宴9度
★主な記録＝シーズン46セーブ（セ記録）、「通算150セーブ・150ホールド」
★ノーヒットノーラン0度
★特殊球＝ストレート

球児君（藤川球児）の出身校の高知商高は伝統的に好投手を輩出している。
・高橋善正（67年第2次ドラフト1位＝東映ほか＝通算60勝7セーブ）
・江本孟紀（71年ドラフト外＝東映ほか＝通算113勝19セーブ）
・中西清起（84年ドラフト1位＝阪神＝通算63勝75セーブ）
・津野　浩（84年ドラフト3位＝日本ハムほか＝通算53勝）
・中山裕章（86年ドラフト1位＝大洋ほか＝通算51勝62セーブ）
・岡林洋一（91年ドラフト1位＝ヤクルト＝通算53勝12セーブ）
球児君は「松坂世代」の99年ドラフト1位。同じ年には上原浩治君（巨人ドラフト1位）もいた。

入団時の背番号は「30」、次に名前を文字って「92」、05年から「22」。

「22は佐々木主浩さん（横浜）や高津臣吾さん（ヤクルト）と同じで光栄です」（藤川）

先発投手要員で鳴かず飛ばずだった球児君は、往年の速球王・山口高志投手コーチのアドバイスで投球フォームを改造する。

「もっと上から球を叩きつけるように投げ下ろすんだ」

高校先輩の中西投手コーチに「リリーフ（中継ぎ）転向」を勧められる。活躍の場を得た球児君の能力は一気に開花した。05年阪神は岡田彰布監督のもと「ＪＦＫ」の活躍でリーグ優勝を遂げる。

・ジェフ・ウィリアムス＝75試合3勝37ホールド

・藤川＝80試合7勝46ホールド

・久保田智之＝68試合5勝27セーブ

この05年4月の巨人戦で清原和博君からの言葉が球児君の意識を変えた。

「二死満塁フルカウントの場面でフォークボールとは、逃げ腰の臆病な投球だ」

しかし翌06年、球宴で清原和博君（オリックス）と対戦し、すべてストレートで空振り三振に斬って取った。

「参った。火の玉ストレートや」（清原）

「火の玉投手」の異名を取ったのは、常時１６０キロを出したというメジャー・リーグ伝説の名投手ボブ・フェラーくらいだ（インディアンス通算２６６勝）。

球児君は、岩瀬仁紀君（中日）同様、「中継ぎ」で実績を積み重ねてから「抑え」に定着した。07年には、05年の岩瀬君に並ぶセ最多の「シーズン46セーブ」だ。メジャー・リーグでは、右ヒジ手術の影響もあり、3年間で2セーブと本領を発揮できなかったのは残念ではある。

それにしても球児君の投球というのは、「投球術」と言うよりも、「ストライクゾーンの中」でしか勝負できない。ボール球をほおることもできない。

逆に言えば、本当に力のある球をほおっている。めいっぱいストレートをほおってストライクゾーンの中で「見逃し」よりも「空振り」の三振を取るタイプの投手。奪三振も「危険を伴った」奪三振だ。それでいて日本球界18年間の「奪三振率」（9イニング平均）は11・76個だから、素晴らしい（被本塁打は1年平均3・50本）。

19年には史上初の「通算150セーブ・150ホールド」も達成した。

球児君が40歳を迎える20年、この本が読者の皆様の手元に届くころには松坂世代初の「名球会」入りを果たしているだろうか。

28 デニス・サファテ

前人未到の「シーズン54セーブ」

●81年4月9日生まれ、米ニューヨーク州出身。193センチ、102キロ。右投げ右打ち

●アリゾナ州立大→米国球団（02年）→広島（11年）→西武（13年）→ソフトバンク（14年～）

★通算18年＝519試合32勝24敗234セーブ56ホールド、防御率2・21（日米通算）

★最多セーブ3度

★沢村賞0度、MVP1度、ベストナイン0度、ゴールデングラブ賞0度、球宴3度

★主な記録＝シーズン54セーブ、通算200セーブ（外国人初）、両リーグ30セーブ

★ノーヒットノーラン0度

★特殊球＝ストレート

サファテの4年間のメジャー・リーグ生活は、通算92試合5勝4敗0セーブ8ホールド、防御率4・53という見栄えのしない成績だった。

しかし、10年に3Aで47試合2勝2敗20セーブ、防御率2・73。これが日本球界の目に留まる。来日した11年は広島で57試合35セーブ。

翌12年は、広島に新加入したミコライオが「抑え」に定着（12年61試合21セーブ、13年57試合27セーブ、14年51試合25セーブ）。サファテは「中継ぎ」に配置転換された（47試合2勝9セーブ4ホールド）。

13年は西武に移籍し、58試合9勝10セーブ16ホールド。

それでも14年にソフトバンクに移り、花開いた。

・14年＝64試合7勝1敗37S防御率1・05　投球回68　96振　WHIP1・05
・15年＝65試合5勝1敗41S防御率1・11　投球回64　102振　WHIP0・63
・16年＝64試合0勝7敗43S防御率1・88　投球回62　73振　WHIP0・82
・17年＝66試合2勝2敗54S防御率1・09　投球回66　102振　WHIP0・67

14年は史上初の「両リーグ30セーブ」。さらに15年41セーブ、16年43セーブとパ記録を更新。

思えば、83年私・江夏豊（当時・日本ハム）が34セーブ、98年佐々木主浩君（横浜）が45セーブ、05年岩瀬仁紀君（中日）と07年藤川球児君（阪神）が46セーブ。そして遂にサファテが17年「シーズン54セーブ」の新記録を樹立した。

私はサファテを広島時代から見てきた。球種は150キロから最速159キロのストレート、縦に曲がるスライダー、カーブ、チェンジアップが持ち球。

年度別の成績を見ても、『WHIP』（四球と安打で1イニングに何人の走者を出したか）は1・00以内だが、試合数と投球回がほぼ同じで、投球回を奪三振が上回る。

つまり、『イニングまたぎ』が少なく、いい悪いは別にして、やはり「困ったらストレートで三振を取りに行く」という外国人投手特有の投球スタイルを如実に物語っている。

それでも17年の日本シリーズでは、第2戦・3戦でセーブを挙げ、第6戦では9回か

ら3イニングを投げ、サヨナラ勝ちと日本一を呼び込んだ。

外国人投手の「シーズンMVP」「シリーズMVP」のダブル受賞は、64年スタンカ（南海）以来、実に53年ぶりであった。

広島時代も2年目の成績は芳しくなかったし、ソフトバンクでも17年に好成績を挙げたあと、股関節の手術をした影響だろうか、成績が振るわないのは正直気にかかる。

名球会入りは、外国人打者で過去にラミレス（ヤクルトほか。現・DeNA監督）が成就させている。

残り16に迫った外国人投手初の「通算250セーブ」は、達成できるのだろうか。

29　小林雅英

7年連続20セーブを達成した「幕張の防波堤」

●74年5月24日生まれ、山梨県出身。182センチ、89キロ。右投げ右打ち
●都留高→日体大→東京ガス→ロッテ（99年ドラフト1位）→インディアンス（08年）→巨人（10年）→オリックス（11年～11年）
★通算13年＝530試合40勝39敗234セーブ、防御率3・14
★最多セーブ1度
★沢村賞0度、MVP0度、ベストナイン0度、ゴールデングラブ賞0度、球宴4度
★主な記録＝7年連続20セーブ
★ノーヒットノーラン0度
★特殊球＝ストレート

マサ（小林雅英）は大学・社会人野球を経て、ドラフト1位で入団。プロ1年目・2年目は「先発・抑え」どっちつかずだったが、3年目の01年から「抑え」に固定された。**以来、02年の「37セーブで防御率0・83」という最好調時の成績を含む「7年連続20セーブ」は日本記録であり、「幕張の防波堤」の異名を取った。**

一方で、01年に「0勝4敗33セーブながら、防御率4・33」。04年に「8勝5敗20セーブで、防御率3・90」。リリーフ失敗や、同点に追いつかれての逆転勝ちもあり、ファンをハラハラドキドキさせながら最終的には抑えることから、「劇場型ピッチング」とも比喩された。

チーム事情があるので「抑え」を任されていたが、どちらかと言えば、ある程度の長いイニングをある程度の失点でまとめていく「先発投手タイプ」だと私は見ていた。なぜなら、強気で大胆に攻めていく。性格的にも愉快で明るい、ひょうきん者。精密なコントロールというタイプではない。

１５０キロのストレートを軸にして、１４０キロスライダーと高速シュート、主に横の揺さぶりで勝負した。縦の揺さぶり、緩急の変化が少ない投球スタイルだった。

それでも、シュートがシンカー気味に少し沈むので、塁上に走者がいるときは内野ゴロ併殺打で切り抜けた。

05年には（2勝）29セーブを挙げ、「最多セーブ」のタイトルを獲得。ソフトバンクとのプレーオフを制して「胴上げ投手」、阪神との日本シリーズを制してまたも「胴上げ投手」の栄誉に浴した。

阪神の「ＪＦＫ（ジェフ・ウィリアムス、藤川球児、久保田智之）」に対抗して、ロッテのリリーフ陣は「ＹＦＫ」と呼ばれた。

（編集部注／薮田安彦＝51試合7勝19ホールド、藤田宗一＝45試合1勝24ホールド）

07年まで通算２２７セーブ。ＦＡを行使してメジャー・リーグ入りを果たしたが、メジャーでは2年間でわずか6セーブ。

結果論にはなるが、08年まで日本球界でプレーして通算２５０セーブを達成してからメジャー入りしても遅くなかったのではないか。

打者では古田敦也（ヤクルト）、宮本慎也（ヤクルト）、和田一浩（西武ほか）が、大学・社会人経由の「名球会」入りを果たしている。投手では大学・社会人経由の「名球会」入りは、まだいない。

マサが「通算250セーブ」に到達しなかったのは、いかにも残念であった。

30 田中将大

日本24連勝、米国6年連続2ケタ勝利

●88年11月1日生まれ、兵庫県出身。191センチ、98キロ。右投げ右打ち
●駒大苫小牧高〈甲子園〉→楽天（07年高校生ドラフト1巡）→ヤンキース（14年～）
★通算13年＝339試合174勝78敗3セーブ、防御率2・93
★最多勝2度、最優秀防御率2度、最高勝率2度、最多奪三振1度、（最多完封1度）
★沢村賞2度、MVP1度、ベストナイン2度、ゴールデングラブ賞3度、球宴8度（日6、米2）、新人王（日）
★主な記録＝開幕から24連勝、シーズン勝率10割（日）、1試合18奪三振（日本2位＝1位はオリックス・野田浩司19個）、開幕投手4度（米）、6年連続2ケタ勝利（米）
★ノーヒットノーラン0度
★特殊球＝スライダー、スプリットフィンガードファストボール

06年夏の甲子園、田中将大君（北海道・駒大苫小牧高→楽天）と斎藤佑樹君（西東京・早稲田実高→早大→日本ハム）の決勝再試合。手に汗握る熱戦をいまも鮮明に覚えている。世間は斎藤佑樹君の「ゆうちゃん」に対して、田中将大君を「マー君」と呼ぶが、私はなぜか昔から「マーちゃん」と呼んでいる（笑）。

マーちゃんとの出会いは、翌07年1月。沖縄キャンプ取材。私が「先乗り」で那覇空港に降りたとき、同じ便に乗っていて、私を見つけてあいさつに来てくれた。

「野村克也監督の楽天でよかったな。キャンプを見に行くからがんばれよ」

その日、私が夕食から戻ったとき、宿泊先ホテルのロビーでまた遭遇した。同じホテルだった。翌朝も顔を合わせた。縁があったんだな。

聞けば、マーちゃんは、私の出身の兵庫県尼崎市のお隣の伊丹市出身。自転車を漕いでわずか15分の距離。小学校時代は坂本勇人君（光星学院高→巨人）とバッテリーを組んでいた（田中が捕手・4番）。

「何で北海道なんて行っててん？」

「学校の先生が紹介してくれましたから」

野球人にとって甲子園は特別な場所。「地元に残って甲子園をめざす」か「地方の強豪校で夢をかなえる」か。北海道に行って活躍して、楽天に入って、結果的に大成功だ。以降、私が野村のおっさんに会いに行くと、マーちゃんが必ず笑顔で飛んできてくれた。

これまで話してきた球史に残る投手の中で、勝率のトップは稲尾和久さん（西鉄＝通算276勝）・668、次が斎藤雅樹君（巨人＝通算180勝）・652。

マーちゃんはその2人を上回る・690。「負けない」のは好投手の証し。しかも、メジャー・リーグの勝敗を含めてだから価値が高い（19年現在、日米通算174勝）。さかのぼっても日本での13年24勝0敗なんて数字は考えられない。「クオリティ・スタート（先発6回自責点3以内）」も100％。創設9年目にして初優勝を遂げた楽天の「貯金」が23だから、単純計算でマーちゃんの存在がなければ負け越しだった。

マーちゃんといえば、投手の原点である「攻めの投球」が最大の武器。速いストレートを見せて、得意のスライダー。速いストレートを見せて、得意のスプリットフィンガードファストボール。その組み合わせが大変上手である。「力で抑え込んでやろう」という萌芽は、あの甲子園決勝のマウンドから見て取れた。

それこそ野村のおっさんが「マー君は技巧派だ」と言っていたけど、捕手のおっさんから見たらそうかもしれないが、投手の私から見たらそうではない。技巧派に見えるほど繊細な神経。そして繊細なコントロールを武器にした「大胆かつ攻めに徹する投球」なんだ。でも、最終的にはピンチを自分の力でねじ伏せる投球スタイルだった。それをマスコミは「ピンチになればなるほど、ギアを上げていく」と表現していた。

マーちゃんは、昭和最後の88年生まれ。平成以降（30年間）の勝利だけで200勝到達は野茂英雄君（近鉄ほか）、山本昌君（中日）、黒田博樹君（広島ほか）の3人。すでに令和。もう新時代なんだな。マーちゃんは、メジャーでも6年連続2ケタ勝利。日米通算200勝の金字塔まで残り26勝。

思えば09年、野村のおっさんの「監督通算1500勝目」の勝利投手はマーちゃんだった。監督退任後も、おっさんは記念の特製バッジをいつも背広の左胸に付けていた。マーちゃんの投球をきっと天国で見守ってくれている。

31 岩隈久志

Bクラスチームから MVP　メジャーではノーヒッター

●81年4月12日生まれ、東京都出身。190センチ、95キロ。右投げ右打ち
●堀越高→近鉄（00年ドラフト5位）→オリックス（05年）→楽天（05年）→マリナーズ（12年）→巨人（19年〜）
★通算17年＝376試合170勝108敗2セーブ、防御率3・31
★最多勝2度、最優秀防御率1度、最高勝率2度、最多奪三振0度、（最多完封0度）
★沢村賞1度、MVP1度、ベストナイン2度、ゴールデングラブ賞0度、球宴4度（日3、米1）
★主な記録＝BクラスチームからMVP（08年）
★ノーヒットノーラン1度（米）
★特殊球＝スプリットフィンガードファストボール

岩隈久志君は、近鉄が優勝した01年、プロ2年目で4勝を挙げて頭角を現わした。ヤクルトとの日本シリーズでも先発している。

03年・04年と連続15勝を挙げてエースとなったが、古巣・近鉄を吸収合併したオリックへの入団を拒否、05年に新規参入した楽天に加入した。

その後、5年連続開幕投手をはじめ、田中将大君とともにダブルエースとして奮投。

特に08年は21勝4敗、防御率1・87、勝率・840で「最多勝」「最優秀防御率」「最高勝率」のタイトルに輝いた。特筆すべきは「200投球回で被本塁打わずか3」。これは58年秋本祐作さん（阪急）以来、実に50年ぶりの快挙だった。

規定投球回数に到達して、なおかつ被本塁打が3ということは「球筋が低い」ということにほかならない（19年セ・パ規定投球回数投手15人の平均被本塁打は15・8本）。

岩隈君はメジャー・リーグでもスプリットフィンガードファストボールとスライダーのコマンド（狙ったポイントに投げ切る能力）の高い評価を受けていた。なおかつ縦に割れるカーブ、これらが大きな武器だ。

私も85年にメジャーのブリュワーズのスプリング・キャンプに参加して実感した。ブルペンで座った捕手の頭付近に3球続くと、捕手は露骨にイヤな顔をする。その代わり、3球ワンバウンドがいっても何食わぬ表情。日本のブルペンとは正反対だ。それぐらい「メジャー」と「日本野球」は低目の投球に対する意識が違う。

逆に言えば、打者にとって高目の球を本塁打するのは容易だが、低目の球を遠くに飛ばすのは難しいということだ。

楽天はそのシーズン5位だったが、岩隈君は投球内容が認められ「Bクラスチームから MVP」に選出。これは82年落合博満君の三冠王（ロッテ5位）、88年40歳門田博光君の二冠王（南海5位）、13年バレンティン60本塁打（ヤクルト6位）と史上4人。

時代の流れで、マスコミが公平・平等になってきたとも言える。思えば私は68年に「シーズン401奪三振」をマークしながらMVPに選ばれなかった（68年阪神2位。優勝巨人MVP・長嶋茂雄＝打率・318、39本塁打、125打点＝打点王）。

当時、選出洩れにショックを受けた私は、関西マスコミに慰められた。

「江夏、残念やったの。シーズン401奪三振は大リーグにもない大記録や。われわれはみんな江夏に投票した。だがな、投票数は関東マスコミのほうが絶対的に多い。東京に、巨人に負けたんや」

ある野球記者の話によると、ほんの15年くらい前までは「ゴールデングラブ賞」の表彰式はお粗末だったらしい。代理店が仕切っていたのだが、配布されるプレスリリースには「選手の打撃成績」が掲載されていて、驚くなかれ守備成績は未掲載だった。

さすがに新庄剛志君（日本ハム）が05年に最多得票で受賞したとき、こうコメントした。

「今年の自分の受賞はおかしい。印象ではなく、数字で選んでほしい。素晴らしい賞の価値がなくなってしまう」

閑話休題。

09年WBC。岩隈君は敗者復活のキューバ戦、18個中15個のアウトを内野ゴロに仕留めて6回無失点。決勝の韓国戦は7回2失点。あの低目へのコントロールを武器にして、優勝に貢献した投球が印象深い。**15年にもメジャーでみごとノーヒッターになっている。**

32 松坂大輔

甲子園、日米、WBC、すべて頂点「野球の申し子」

●80年9月13日生まれ、東京都出身。183センチ、93キロ。右投げ右打ち

●横浜高〈甲子園〉→西武（99年ドラフト1位）→レッドソックス（07年）→メッツ（13年）→ソフトバンク（15年）→中日（18年）→西武（20年～）

★通算21年＝376試合170勝108敗2セーブ、防御率3・53

★最多勝3度、最優秀防御率2度、最高勝率0度、最多奪三振4度、（最多完封4度）

★沢村賞1度、MVP0度、ベストナイン3度、ゴールデングラブ賞7度、球宴7度、新人王、カムバック賞

★主な記録＝高卒新人「3年連続最多勝」、1試合16奪三振

★ノーヒットノーラン0度

★特殊球＝スライダー

私は最近の「球数制限」という言葉、大変寂しいと感じる。「1週間で500球以内」とか、高野連が決めた公式のルールがあるだろうし、語弊があったらご容赦願いたい。私見ではあるが、なぜ、大人がそこまで高校生に関与しなくてはいけないのか。本番で「生きた球」を120球ほおるには、練習のブルペンでその倍をほおらないと。たとえば200球を3日間投げさせる。1日、2日休ませる。そういう粘りとかリズムを作らないと、いざ本番で「7回スタミナ切れ、完投できません」ということになる。

なぜ松坂君（松坂大輔）があそこまでヒーローになったか。いまでもヒーローなのか。98年の夏の甲子園。「限界に挑む姿」が、見る者の心を揺さぶったからだ。

PL学園高との延長17回の死闘。250球完投勝利。試合終了後、PL学園高のナインがみんな松坂君に握手を求めた。あんなシーン、初めて見た。

「思い出」は他人に押し売りできない。でも、あれはいまでも観戦者の思い出に深く残る。胸に、まぶたに、脳裏に焼きついているのではないか。

決勝戦では嶋清一さん（海草中）以来、59年ぶり史上2度目のノーヒットノーランで、春夏連覇を達成した。

私は甲子園の土を踏めなかった。だから、甲子園出場を果たした選手には畏敬の念を抱く。甲子園の開会式は神聖なものであり、テレビの前で正座をして臨む。

中でも甲子園の大ヒーローだった松坂君は、私の憧れだ。ストレートが速い、スライダーは力強く曲がる、馬力もある。あれだけの球数をほおれるのは精神力の強さ。

松坂君が西武に入った１年目の高知市・春野キャンプ。中腰の捕手に２００球以上投げた。捕手を座らせてなら誰でも投げられる。中腰だと、低目にワンバウンドしてはいけない。高目にスッポ抜けてもいけない。それをビシーッと２００球以上続けるのは、肩の強さが、スタミナが、何よりそこに投げるんだという強い精神力が必要だ。すごい子だな、と驚いた。

99年プロ初登板、片岡篤史君（日本ハム）に投じた１５５キロで鮮烈デビュー。５月のイチロー君（オリックス）との初対戦では３打席連続奪三振。「プロでやれる自信が確信に変わりました」（松坂）という、けだし名言を残した。

結局16勝。「高卒新人最多勝」は54年宅和本司さん（南海）以来45年ぶり。続いて史上初「高卒新人３年連続最多勝」も成し遂げた。

04年には中日との日本シリーズを制し、日本一を経験。06年・09年ＷＢＣ（ワールド・ベースボール・クラシック）で世界一、連続ＭＶＰ。08年レッドソックスで18勝3敗（94与四球はア・リーグ最多）、07年にワールドシリーズを制し、日米の頂点を極めた初の日本人選手となった。

しかし、11年に右ヒジを痛め、トミー・ジョン手術。以降、苦闘が続いていた。18年に中日で6勝を挙げて復活した。走り込みの成果なのか、リリースポイントにバラつきがなくて、球に勢いがあったし、投げたあとのフォロースルーもよかった。だが、昨19年の登板。私は「もうこの力だったら現役続行は難しいです」とはっきりラジオ放送で見解を述べた。

今年「不惑」の40歳。若いときのような球はいかない。しかも右腕のしびれで、7月に右頸部を手術。全治2～3カ月。

ただ、松坂君は投げることに関して「野球の申し子」だ。普通の人には真似できない「何か」を持っているはずである。

33 ダルビッシュ有

投げることが大好き　驚異の奪三振率11・89個

●86年8月16日生まれ、大阪府出身。196センチ、100キロ。右投げ右打ち

●東北高〈甲子園〉→日本ハム（05年ドラフト1巡）→レンジャーズ（12年）→ドジャース（17年途中）→カブス（18年〜）

★通算15年＝337試合156勝91敗0セーブ、防御率2・71

★最多勝0度、最優秀防御率2度、最高勝率1度、最多奪三振4度（日3、米1）、（最多完封1度）

★ノーヒットノーラン0度

★沢村賞1度、MVP2度、ベストナイン2度、ゴールデングラブ賞2度、球宴9度（日5、米4）

★主な記録＝9回二死からノーヒッターを2度逃がす（メジャー3人目）

★特殊球＝スライダー

ダル（ダルビッシュ有）のことは、高校時代から性格までよく知っている。私が阪神時代にカーブを教わった若生智男さんの実弟、正廣君が東北高の監督だったからだ。

高校時代から飛びぬけた素材だったが、勉強が嫌いで、短気でケンカばかりしていた（笑）。お父様がイランご出身。自分がハーフということに関してかなり苦しんだ時期もあったようだが、やはり日本が好きで、野球が好きで、投げることが大好き。

08年北京五輪のとき、キューバ戦で先発ＫＯされ、坊主刈りにした。その悔しさを09年ＷＢＣにぶつけ、胴上げ投手の栄誉に浴した。生粋の日本人より日本人らしい「大和魂」が宿っている。

そういえば09年の巨人との日本シリーズ、左臀部痛と右人差し指疲労骨折に苦しみながらマウンドに登り、１００キロ台のスローカーブを有効に使って勝利投手になった。41年、センバツ甲子園で滝川中時代の別所毅彦さんが左ヒジを骨折。三角巾で左腕を吊りながら投げたが、延長サヨナラ負け。「泣くな別所、センバツの花」と翌朝の新聞の見出しになった。

そんな逸話を彷彿とさせた。**投げることが好きでなければ、そこまでして投げられな**

い。**「野球に対する情熱」は、投手にとって何物にも代え難い。**

ダルは入団3年目の07年から5年連続して防御率1点台。日本では向かうところ敵なしで海を渡った。

メジャー・リーグ1年目の12年16勝。2年目13勝、「最多奪三振」のタイトルを手中に収めた。日本人では野茂英雄君に次ぐ2人目だ。

この内容がすごい。２０９回３分の2を投げて２７７奪三振をマーク。「9イニング平均の奪三振率」は11・89個。19年に千賀滉大君（ソフトバンク）が１８０回を投げて２２７奪三振、「奪三振率」11・33個が日本新記録になったが、メジャーでそれ以上の数字をすでに残していた。短いイニングを全力で投げた「抑え投手」佐々木主浩君（横浜→マリナーズ）の通算奪三振率11・56個も上回る。

１９６センチの長身、長い手足から繰り出す速いストレート、低目へのコントロール、多彩な変化球、特にスライダー系統は一級品だ。

利き腕とは逆の左腕でも60メートルを投げられる器用さ。その器用さと野球頭脳を生かして、打たれたときの修正能力も高い。

メジャー・リーガーたちも認めている実力が、メジャー8年で4度というオールスター・ゲーム出場回数に如実に現れている。

また、SNSなどで若者のオピニオンリーダー的存在になっているのは、「不言実行」のダルの生きざまが共感を呼ぶからだろう。

9回二死からノーヒットノーランを2度逃したのはメジャー史上3人目らしいが、今度は達成の雄姿を見てみたいものだ。

34 大谷翔平

メジャーをも驚かせた「投打二刀流」

●94年7月5日生まれ、岩手県出身。193センチ、95キロ。右投げ左打ち
●花巻東高〈甲子園〉→日本ハム（13年ドラフト1位）→エンゼルス（18年〜）
★通算7年＝95試合46勝17敗0セーブ、防御率2・59（日米通算）
★最多勝1度、最優秀防御率1度、最高勝率1度、最多奪三振0度、（最多完封1度）
★沢村賞0度、MVP1度、ベストナイン3度（打者1度含）、ゴールデングラブ賞0度、球宴5度（日本）、新人王（米）
★主な記録＝165キロ、「1番・投手」で先頭打者本塁打、「4番・投手」で先発出場、投手部門とDH制部門でベストナイン同時受賞（日本）、1試合16奪三振。史上初の「投手10試合、20本塁打、10盗塁」（メジャー）
★ノーヒットノーラン0度
★特殊球＝ストレート

大谷君（大谷翔平）は、プロ1年目の13年、高卒新人「プロ初勝利」の試合で「初本塁打」を放った。これは67年以来、46年ぶり。実は私・江夏豊（阪神）以来らしい。14年「1試合16奪三振」は、68年私・江夏の20歳2か月を更新する最年少記録。記録は破られるためにある。私の名前を改めてプロ野球界に思い出させてもらい、大谷君には感謝する。

15年は15勝、防御率2・24、勝率・750で「最多勝」「最優秀防御率」「最高勝率」の投手三冠のタイトルに輝いた。

16年「1番・投手」でスタメン出場し、打者として初球を「先頭打者本塁打」。投手として「10勝」、球速も日本最速の165キロをマーク。打者として「104安打で打率・322、22本塁打67打点」。

この16年から「投手」と「野手」の両方でのベストナイン受賞が認められるようになり、大谷君が適用第1号となった。40年から77年間続く表彰のルールさえ変更させた大谷君は、日本ハム日本一の原動力（MVP）となった。17年は「4番・投手」でスタメン出場。その勢いをそのままメジャー・リーグに持ち込んだ。

18年「10試合登板、20本塁打」は、あの伝説のベーブ・ルース以来、実に99年ぶり2人目、さらに「10試合登板、20本塁打、10盗塁」は史上初の快挙だ。

トミー・ジョン手術を受けたため、19年の登板はなかったが、イチロー君（マリナーズほか）も成し得なかった「サイクル安打」を記録した。

「打者専念派」
・イチロー「メジャーにやっと日本人のホームランバッターがきたと思った」
・清原和博「ストレートで三振を奪えるなら投手で、変化球で勝負するなら打者一本に」

「投手専念派」
・野村克也「165キロを投げられる選手なんていない。ワシなら投手で使う」
・ダルビッシュ有「No・1になれる可能性のほうを」

「二刀流派」——長嶋茂雄、王貞治、落合博満

大谷君の入団当初、栗山英樹監督（日本ハム）と話した。

「おいクリ、なんで二刀流させるんだ。投手なら12、13勝。打者なら20本塁打してこそ、

チームの本当の戦力になるんだよ」

「僕もどちらかにしたいと思ったんです。ただ、本人が両方やりたいという考えなんです」

　私らの考えだと投手か打者、どちらか一本に絞ったほうがやりやすいと思うが、もし両方やりたいという考えなら、指導者が困ると思う。両方で結果を出しているだけに強制できない。でも、これまで左足太もも肉離れなり、右ヒジなり故障をしている。ケガをしたら投手はできない。

　20年で26歳。30歳近くになって今まで以上に真剣になったら、投手のことは忘れて、打者に専念するんじゃないか。そのほうがメジャーでは生きやすいと思う。大谷君のようにスライスして左中間に伸びる打球を打てるのはバットスイングが速くてパワーがある証拠。

大谷君いわく「好きな教科は歴史で、特に幕末。革命や維新というものにひかれます」。これまでもメジャー・リーグで革命を起こしてくれた。今後も革命を起こすに違いない。

35 石川雅規

「七色の球種」を操る小さなエース

●80年1月22日生まれ、秋田県出身。167センチ、73キロ。左投げ左打ち
●秋田商高〈甲子園〉→ヤクルト（02年ドラフト1位〜）
★通算18年＝472試合171勝163敗0セーブ、防御率3・87
★最多勝0度、最優秀防御率1度、最高勝率0度、最多奪三振0度、（最多完封0度）
★沢村賞0度、MVP0度、ベストナイン0度、ゴールデングラブ賞1度、球宴2度、新人王
★主な記録＝「入団5年連続2ケタ勝利」はセ3人目（巨人・堀内恒夫、阪神・江夏豊）
★ノーヒットノーラン0度
★特殊球＝シンカー

2月にヤクルトのキャンプ視察に行ったら、「イシ（石川雅規）＆イガラシ（五十嵐亮太）」の、同い年コンビがあいさつに来てくれた。

ことあるたびにアドバイスをしてきたが、かたやリリーフのイガラシ君は日米通算９００試合登板を超えた。こなた先発のイシは、スワローズひと筋でプロ19年目のシーズン、早41歳を迎える。

身長１６７センチ。かつて宿泊先ホテルのロビーで、修学旅行の中学生と間違えられたという笑い話がある。

「小さい体だから、大きな選手には負けたくない。子供のころからそう思ってやってきた」そうだ。

秋田商高で甲子園に出場。青学大時代には、00年シドニー五輪で日の丸を背負っている。

ストレートのスピードは１２８キロから１３５キロでプロとしては遅い部類だが、シュート、カットボール、スライダー、カーブ、チェンジアップ、シンカーと６種類の変化球を操る。シンカーが決め球だ。

そして抜群のコントロールを誇る。「9イニング平均の与四球率」が2・00個以内なら「針の穴を通す」コントロールと言っていい。

これまで紹介してきた中では、小山正明さん（阪神ほか）1・80個、稲尾和久さん（西鉄）1・80個、皆川睦雄さん（南海）1・80個、そしてイシが1・80個だ。そうそうたる顔ぶれと肩を並べる。「投手はスピードより、コントロールが大事」というお手本のような投手である。

自分の意識の中で、投球フォームに「壁」を作っているから体が前に突っ込まず、間（ま）を作れる。だから「打者を見る」ことができているし、コントロールもいい。打者を見て観察の上、球をほおるのは投球術の一つだ。

打者が打撃フォームにおいて「壁」を作るのと同じこと。壁を作れれば、間（ま）が生まれ、タメができる。投球をひきつけて、インパクトの瞬間、最大限のパワーを投球に伝えられる。

イシは、この「七色の球種」とコントロールを武器に、リーグ3人目の「入団以来5

年連続２ケタ勝利」（堀内恒夫、江夏豊に次ぐ）。**プロ18年間で11度の２ケタ勝利。そして19年現在、通算１７１勝は、日本球界現役投手でトップなのだ。**

ただ、いかんせん負け数が多い（通算１６３敗）。10勝ったら10負けてしまう。本当なら10勝ったら、負けは３～４に抑えて「貯金」を稼ぎたいところ。

それでも勝ち負けが付くということは、それだけ責任回数を投げているという裏返し。通算２７９４投球回で、３０００の大台に近づいてきた。

長年ヤクルトのエースとしてチーム投手陣を牽引してきた。愛息には漢字の当て字で「エース」と命名している。エースに対するこだわりの強さを感じさせ、何よりエースと呼ぶのにふさわしい素晴らしい人間性だ。

投球スタイルが似ている山本昌君（中日）を入団時から目標としている。体力的に恵まれている山本君は結果的に50歳まで投げ続けた。小さなイシがプロで長く現役を続ける意義は大きい。

36 菅野智之

マダックスをめざす抜群コントロール

●89年10月11日生まれ、神奈川県出身。186センチ、95キロ。右投げ右打ち
●東海大相模高→巨人（13年ドラフト1位〜）
★通算7年＝176試合87勝47敗0セーブ、防御率2・36
★最多勝2度、最優秀防御率4度、最高勝率0度、最多奪三振2度、（最多完封2度）
★沢村賞2度、MVP1度、ベストナイン3度、ゴールデングラブ賞3度、球宴7度
★主な記録＝3年連続最優秀防御率（他に稲尾）
★ノーヒットノーラン1度（クライマックスシリーズ）
★特殊球＝スライダー

菅野智之君は、ご存じの通り、原辰徳監督（巨人）の甥っ子。日本ハムの12年ドラフト1位を拒否して、1年間浪人生活を送ったのにもかかわらず、13年13勝6敗。その年の楽天との日本シリーズ。第2戦で田中将大君に敗れたものの、第6戦で田中君に投げ勝つ。シーズン24勝0敗、ポストシーズンも勝ち続けた田中君に、その年初めて土をつけた。

以後、順風満帆にキャリアアップしてきた。16年からの3年連続「最優秀防御率」は、あの「神様」稲尾和久さん（西鉄＝56年〜58年）以来、実に60年ぶりの快挙だった。しかも、17年は17勝、防御率1・59の二冠。18年は15勝、奪三振200、防御率2・14の三冠。いずれも「沢村賞」に輝いている。

また、18年クライマックスシリーズのヤクルト戦で達成したノーヒットノーランは、ポストシーズン史上初であり、19年の推定年俸6億5000万円は佐々木主浩君（横浜）に並び史上最高額となった。

菅野君は、メジャー・リーグのマダックス（カブスほか）を理想としている。実に投球回5008を投げ、「9イニング平均与四球率」1・80個。「精密機械」の異名を取った絶妙なコントロールで、通算３５５勝を稼いだ。
「１試合27球で27個のアウトを取る」ことがマダックス自身の理想であり、**１試合を１００球以内で完封することをメジャーでは「マダックス」と呼ぶ。菅野君はそのマダックスの投球を理想としているらしい。**

19年現在、プロ通算7年でまだ１２２２投球回ながら、与四球率は１・77個とその片鱗は垣間見せている。**１５５キロのストレート、スライダーが武器。左打者に対して、胸元のストレートと膝元のフォークボール。右打者に対しては、スライダーやカットボールが主体になっている。**

ただ19年は11勝しながらも、規定投球回に達しなかったし、防御率も３・89。背中、首が痛くて、一番大事なところで力が入らない、力が抜けてしまうフォームだった。入団時に比べると少し太った。私も広島時代以降、少し腹に肉がついた。しかし、私の持論として、前に肉がつくのは構わないが、横についてはいけない。

先述したように、ランニングにしても球場のポール間を走る長距離走だけでなく、10

ｍ・20ｍ・30ｍのダッシュをやって、体の切れを出すべきだ。

この20年から、「球をセットした両腕を緩やかに右肩に運んで始動する」投球フォームに改造した。投球フォームとは、「リリース」の瞬間、力を10出すための準備動作である。そのためにはどうしたらいいか、自分なりに考えてああいう動作にしたんだろう。田中将大君の始動に若干似ている感じがする。

あのイチロー君にしても、メジャー入りした01年に従来の『振り子打法』から、右足を振らない打撃フォームに改造した。進化を求めたのだ。今後は、チーム状態に左右される勝ち星うんぬんより、ワンランク上の投球内容をめざしてもらいたい。

菅野君は、18年10試合あった完投数が、19年は3試合と激減。やはり、せめて2ケタがノルマだ。投球回にしても、18年は２００回を超えていた。普通、シーズン１４３試合を先発ローテーション投手6人で回すとして、単純計算で24試合。１試合6回投げたとしても１４４回、7回でも１６８回にしかならないのだ。

この20年、21年が今後の野球人生に向けての正念場だと思い、精進を願う。

37　千賀滉大

育成出身からスターダムへ

●93年1月30日生まれ、愛知県出身。186センチ、84キロ。右投げ左打ち
●蒲郡高→ソフトバンク（11年育成ドラフト4位〜）
★通算9年＝171試合55勝29敗20ホールド1セーブ、防御率2・78
★最多勝0度、最優秀防御率0度、最高勝率1度、最多奪三振1度、（最多完封1度）
★沢村賞0度、MVP0度、ベストナイン1度、ゴールデングラブ賞1度、球宴3度
★主な記録＝シーズン奪三振率11・33
★ノーヒットノーラン1度
★特殊球＝ストレート、フォーク

千賀滉大君は「育成ドラフト」出身。しかも4巡目指名。高3夏は愛知県大会3回戦で姿を消している。

ソフトバンクには、故障のサファテに代わり、18年・19年に連続35セーブを挙げて一躍「抑えのエース」に名乗りをあげた森唯斗君がいる。彼は14年ドラフト2巡目指名。海部高3年の夏、やはり徳島県大会3回戦で敗退。社会人野球時代は自チームの三菱自動車倉敷オーシャンズが敗れ、都市対抗野球に補強選手として出場。

私が何を言わんとしたいか。ソフトバンクは「3軍制」を敷いているが、千賀君を先発エースに育て上げた「育成力」。そして中央球界では無名だった森君を上位指名した編成スカウト部の「眼力」。ソフトバンクの「組織力の勝利」には恐れ入るばかりなのだ。

さて、千賀君はプロ3年目（支配下登録2年目）の13年、51試合に登板して17ホールドと「中継ぎ投手」としてデビューした。リリーフ投手による「連続無失点記録」（34回3分の1）のパ・リーグタイ記録も作った。

プロ6年目の16年から先発で4年連続2ケタ勝利。スターダムにのし上がった。

千賀君は「160キロストレート」と「お化けフォーク」が代名詞。以前、『週刊プレイボーイ』（集英社）の「アウトロー野球論」で取材したときの発言だ。

「語弊はあるかもしれませんが、フォークボールをいかに『高価なフォーク』に見せるか。それは自分の投球技術にかかっています」（千賀）

自らをよく分析していた。ストレートもフォークも腕の振りが同じため、打者にとっては厄介なのだ。

19年にはこれまた育成出身の同期・甲斐拓也君とバッテリーを組んで、パ・リーグ29度目のノーヒットノーランを達成した。

パでは岸孝之君（当時・西武、現・楽天）以来5年ぶり。同じ19年、大野雄大君（中日）がセ・リーグ42度目のノーヒットノーランをマークしているが、達成回数から考えても、DH制のあるパにおいていかに難しい記録かがわかるというものだ。

しかも、**千賀君はノーヒットノーラン史上初の「毎回奪三振」のオマケ付き。**やはりスピード160キロを超えるストレートが大きな武器となった。

19年、180回を投げて227奪三振。「9イニング平均の奪三振率」は11・33個。98年石井一久君（ヤクルト）の11・05個を上回る日本記録を樹立した。先ほど同様、DH制のあるパにおいて、かつ右投手の記録だけに価値は倍増する。

15年に就任した工藤公康監督が、5年間で4度日本一に輝いたのも「エース・千賀」の右腕によるところが大きい。

20年のシーズン、まだ27歳。今後、どんな記録を作っていくにしても「育成初」が枕詞となる。どれだけ成長するか、また興味は尽きない。

38 山﨑康晃

入団以来5年連続20セーブの「日本の守護神」

●92年10月2日生まれ、東京都出身。179センチ、88キロ。右投げ右打ち
●帝京高〈甲子園〉→亜大→横浜DeNA（15年ドラフト1位～）
★通算5年＝303試合13勝17敗163セーブ、防御率2・34
★最多勝0度、最優秀防御率0度、最高勝率0度、最多奪三振0度、（最多完封0度）
★最多セーブ2度
★沢村賞0度、MVP0度、ベストナイン0度、ゴールデングラブ賞0度、球宴5度、新人王
★主な記録＝新人シーズン37セーブ
★ノーヒットノーラン0度
★特殊球＝ツーシーム

山﨑康晃君は、横浜DeNAの15年ドラフト1位。66年に始まったドラフト会議、これまで55回の歴史を数えるが、亜細亜大学出身投手の指名は実に多い。

・渡辺弘基（日産自動車→阪急72年1位）・山本和行（阪神72年1位）
・長谷川勉（日産自動車→南海75年1位）・中田良弘（日産自動車→阪神81年1位）
・宮本賢治（ヤクルト82年1位）・阿波野秀幸（近鉄87年1位）
・与田　剛（NTT東京→中日90年1位）・小池秀郎（松下電器→近鉄93年1位）
・入来祐作（本田技研→巨人97年1位）・木佐貫洋（巨人03年自由枠）
・永川勝浩（広島03年自由枠）・東浜　巨（ソフトバンク13年1位）

他にも、野茂英雄君（近鉄）に並ぶ史上最多8球団の指名を受けた小池秀郎君の同期には、20年からヤクルト監督に就任した高津臣吾君（ヤクルト91年3位）がいた。

55回で実に12人のドラフト1位を輩出する亜大投手陣は、私と何かと縁がある。76年セ最多73試合登板、78年・79年と広島で同じ釜の飯を食った渡辺弘基さん。

私より1歳下、左腕で100勝100セーブをマークした山本和行君。

76年、私の南海移籍の交換要員の1人だった長谷川勉君は、南海在籍わずか1年。85

年12勝で阪神日本一に貢献した中田良弘君。背番号は、私が付けていた「28」。

さて、山﨑君は大学2年時、2年薮田和樹君（広島15年2位）、3年九里亜蓮君（広島14年2位）とともに、**4年生エース・東浜巨君に「ツーシーム」の握りを教わった。山﨑君がツーシームの握りで投げると、シンカーやスプリットフィンガードファストボールのように落差が大きかったというわけだ。**

大学野球は4年間春秋8シーズンで最大120試合。プロでの1シーズンの試合数に近いので、大学の通算成績がそのままプロでの成績と似通うことが多い。

山﨑君の東都大学リーグ4年間の通算成績は、15勝（10完投4完封）6敗、203回171奪三振、防御率1・95。


プロ入り後もエース級の先発投手になるかと思いきや、当時の中畑清監督が大学関係者から「山﨑の本当の適材適所は抑え役にある」という情報を聞き、「抑え役」に抜擢したというのだ。これがハマった。

1年目が新人最多37セーブ。新人王を獲得した亜大の先輩・与田剛君（現・中日監督）の1年目は31セーブだった。18年・19年は「最多セーブ」のタイトルを獲得。入団以来5年連続25セーブで、通算150セーブが史上最速、最年少。

山﨑君の投球は、ストレートと沈むツーシームのコンビネーション。好打者ほどストレートを狙ってくるもの。だからまずストレートを四隅、つまり内角高目、内角低目、外角高目、外角低目にきっちり投げ分けてほしい。そうすればツーシームがさらに生きてくる。

心配なのは、投げるときのインステップ。右打者からしたら向かってくるようで怖いかもしれないが、インステップは、肩ヒジを痛めやすい。

山﨑君が登場するとき、球場に詰めかけたファンの『康晃ジャンプ』は見ていて気持ちが高揚する。

入団5年連続25セーブという記録を8年、10年……と、どんどん塗り替えてほしい。そして19年WBSCプレミア12のように「日本の守護神」として君臨してもらいたい。

39 宮西尚生

パ記録の12年連続50試合、歴代最多ホールド

●85年6月2日生まれ、兵庫県出身。180センチ、79キロ。左投げ左打ち
●市立尼崎高→関学大→日本ハム（08年大社ドラフト3巡～）
★通算12年＝685（2020）試合33勝31敗337ホールド、防御率2・34
★最多勝0度、最優秀防御率0度、最高勝率0度、最多奪三振0度、（最多完封0度）
★最優秀中継ぎ賞3度
★沢村賞0度、MVP0度、ベストナイン0度、ゴールデングラブ賞0度、球宴3度
★主な記録＝通算337ホールド、12年連続50試合登板（パ記録）
★ノーヒットノーラン0度
★決め球＝スライダー

宮西尚生君は日本最多の「通算３３７ホールド」を誇る。

残念ながら投球を球場において生でじっくりと見たことがないし、取材したこともないので、多くを語るのは失礼かと思う。
しかし、私と同じ兵庫県尼崎市の出身である。そういう意味でも、宮西君を応援したい。
今回、名投手を挙げてきた中で「愛知県出身」「兵庫県出身」が多いということに気づいた。
愛知県＝金田正一、工藤公康、岩瀬仁紀、浅尾拓也、杉浦忠、千賀滉大
兵庫県＝小山正明、鈴木啓示、村山実、江夏豊、田中将大、宮西尚生
各７人。47都道府県あるのに、それぞれ約15パーセントを占めるのだから、人口が多いとはいえ、好投手が生まれる土壌にあると言っていいのではないか。
さて、宮西君の投球は、通算６８４試合、５６９投球回、２３３０打者、防御率２・34。「９イニング平均の与四球率」が２・80個。「９イニング平均の奪三振率」が８・00

個。「WHIP（1イニングにおける与四球・被安打）」が1・08。

つまり、データ的には左打者のところでリリーフ、そのまま1イニングを投げ切り、安打か四球で走者1人を出し、三振を1つ奪うといったところだ。

グラブをはめた右腕をかざし、左サイド気味からスライダー。左打者にとって、球の出どころが見づらいだろう。

さらに平均140キロのストレート、カーブが持ち球。スライダーにしてもカーブにしても左打者に近いところで曲がるから有効なんだと感じる。

梨田昌孝監督時代の09年58試合7勝13ホールド、栗山英樹監督時代の12年66試合2勝39ホールド、16年58試合3勝39ホールド（最優秀中継ぎ投手）。プロ12年間で3度のリーグ優勝に貢献。チームになくてはならない存在であることを数字が物語っている。

投球内容で特筆すべきは、「入団以来12年連続50試合登板」である。岩瀬仁紀君（中日）は、「入団以来15年連続50試合登板」だから、そこに追いついてもらいたい。

そして「最優秀中継ぎ投手」のタイトル3度というのは、岩瀬仁紀君（中日）と山口

鉄也君（巨人）に並ぶ最多タイ。これを４度獲ることが本人の目標であるはずだ。

40 山口鉄也

育成初の新人王　長身左腕のスライダー

●83年11月11日生まれ、神奈川県出身。184センチ、88キロ。左投げ左打ち
●横浜商高→巨人（06年育成ドラフト1巡〜18年）
★通算13年＝642試合52勝27敗273ホールド、防御率2・34
★最多勝0度、最優秀防御率0度、最高勝率0度、最多奪三振0度、（最多完封0度）
★最優秀中継ぎ投手3度
★沢村賞0度、MVP0度、ベストナイン0度、ゴールデングラブ賞0度、球宴5度、新人王
★主な記録＝9年連続60試合登板
★ノーヒットノーラン0度
★決め球＝スライダー

育成選手出身で初のタイトル獲得者になったのが、パ・リーグが千賀滉大君（ソフトバンク）なら、セ・リーグはこの山口鉄也君（巨人）だ。

横浜の入団テストは不合格だったが、佐々木主浩君（横浜）が球団に獲得を強く勧めたほど。

巨人の入団テストは吉村禎章二軍監督がスライダーに、小谷正勝投手コーチがチェンジアップに合格点を出したのだから、やはり当初から光るものはあったのだろう。

１８４センチ88キロの立派な体格。スリークォーターから最速１５３キロのストレートを投じた。最後は左肩の故障もあって、スライダーの曲がりが大きくなってキレがなくなってしまった。よかったときは打者の手元で少し曲がるだけだった。

「右打者の内角に食い込むスライダーは、岩瀬仁紀に匹敵する」

敵の森繁和投手コーチ（中日）までもが、そう絶賛していた。

山口君の「9年連続60試合登板」はケタ違いの数字。ほめてあげたい。無事これ名馬。

数多くのマウンドを踏むということは、高い貢献度を意味する。

08年67試合11勝23ホールドで「育成初」の新人王のタイトルに輝いた。

09年・12年・13年と「最優秀中継ぎ投手」のタイトルを奪取。この3度は、岩瀬仁紀君（中日）、宮西尚生君（日本ハム）に並ぶ最多タイだ。

特に13年前後の巨人の「勝利の方程式」は、『スコット・鉄・太朗』と呼ばれた。

05年阪神『ＪＦＫ』
・ジェフ・ウィリアムス＝75試合3勝37ホールド
・藤川球児　＝80試合7勝46ホールド
・久保田智之　＝68試合5勝27セーブ
05年ロッテ『ＹＦＫ』
・薮田安彦　＝51試合7勝19ホールド
・藤田宗一　＝45試合1勝24ホールド
・小林雅英　＝46試合2勝29セーブ
13年巨人『スコット・鉄・太朗』
・スコット・マシソン　＝63試合2勝40ホールド

・山口鉄也　＝64試合4勝38ホールド
・西村健太朗　＝71試合4勝42セーブ

13年オフには年俸3億2000万円（推定）。入団時が240万円だから、9年で実に130倍の大出世。育成選手に夢を与えた。

巨人はその9年間にリーグ優勝5度、日本一2度。原辰徳監督（巨人）の第2次政権を、文字通り「縁の下の力持ち」として強固に支えた。

大きな体とは裏腹に、野球人にしては優しくて人のいい性格。決して目立たない、でしゃばらない好青年。09年WBCの代表に選ばれたのに、「僕が投げなければチームが勝っている」と話したぐらい。

しかし、なぜか個人的には私と親しくしゃべるようになって、私がキャンプ取材に行くと、いつも嬉しそうな顔をして、知らぬ間に横に立っている。

引退会見の席に、坂本勇人君、長野久義君、内海哲也君、杉内俊哉君らが現れた。連投を厭わずチームのために投げ続けたのを、ナインは心から感謝していたのだ。

41 浅尾拓也

中継ぎ投手初のMVP

●84年10月22日生まれ、愛知県出身。182センチ、78キロ。右投げ右打ち
●常滑北高→日本福祉大→中日（07年大社ドラフト3巡～18年）
★通算12年＝416試合38勝21敗200ホールド、防御率2・42
★最多勝0度、最優秀防御率0度、最高勝率0度、最多奪三振0度、（最多完封0度）
★最優秀中継ぎ投手2度
★沢村賞0度、MVP1度、ベストナイン0度、ゴールデングラブ賞1度、球宴2度
★主な記録＝シーズン47ホールド
★ノーヒットノーラン0度
★特殊球＝スライダー

浅尾拓也君がリリーフでプロ初登板したシーンを、私はいまだによく覚えている（07年4月10日、阪神対中日＝甲子園球場）。

なぜかというと、阪神選手のバントが小フライになったのを、浅尾君がマウンドからダッシュしてカメラ席のところまで追って行った。可愛らしいマスク、細身の体、俊敏な動き。まさに小鹿のバンビのようだった。

「あの気概。あの子は、必ず出てくるよ」

当時の担当記者に予言した。選手がモノになるか否か、そういうちょっとしたプレーに現れるものなんだ。

浅尾君は高校・大学と無名校。高2秋まで捕手をやっていたから、テークバックが小さい投球フォーム。中日入団会見の席でこう言った。

「自信があるのはフィールディングと牽制です」

投手は入団会見でアピールポイントを問われると、9割方「僕のストレートを見てください」と答えるものだが、異彩を放っていた。

試合前には二塁か遊撃に入っての練習で守備力を磨き、**11年の「中継ぎ投手初のゴー**

ルデングラブ賞獲得」が、彼の自信を裏付ける結果となった。

牽制の巧さは、入団以来5年連続盗塁王の赤星憲広（阪神）をして、こう言わしめた。

「浅尾のときは、盗塁の選択肢はない」

浅尾君の投球における武器は、最速157キロのストレートとフォークボール。そう思っていたが、谷繁元信捕手に言わせれば「縦に曲がるスライダーだった」ということだ。

09年67試合7勝33ホールド、防御率3・49。10年72試合12勝47ホールド、防御率1・68。11年79試合7勝45ホールド、防御率0・41。

05年に岩瀬仁紀君（中日）が46セーブ、07年に藤川球児君（阪神）がやはり46セーブを挙げている。「ホールド」と「セーブ」を一概には比較できないが、傑出した数字であることは間違いない。

中でも11年の防御率は0・41。ヤクルトに離された10ゲーム差大逆転優勝を遂げる立役者となって、**「中継ぎ投手」初のMVPに輝いている。**

落合博満監督は「守り勝つ野球」で、8年間でリーグ優勝4度の中日黄金時代を築いた。落合君を一流監督の仲間入りをさせた原動力が、投手で浅尾君・岩瀬君の「勝利の方程式」、野手で荒木雅博君・井端弘和君の『アラ・イバ』二遊間コンビなのだ。

特に最後の10年・11年の優勝は、浅尾君の存在なしには考えられない。**落合君は優勝監督のまま11年を最後に退任したが、浅尾君の大車輪の奮投が落合監督を「男にした」のだ。**

その後、右肩痛に悩まされる。「浅尾が回転のないフォークをマスターしましたよ」との谷繁君の言葉を私は楽しみに待っていたのだが、浅尾君の投手人生は「太く短く」終焉を迎えてしまった。

「中継ぎ投手」というと地味な役割だが、浅尾君はそこに陽の目を浴びさせた。「がんばればMVPをもらえるんだぞ」と。その功績は果てしなく大きい。

42 上原浩治

100勝100ホールド100セーブ

●75年4月3日生まれ、大阪府出身。187センチ、87キロ。右投げ右打ち
●東海大仰星高→大体大→巨人(99年ドラフト1位)→メジャー(09年)→巨人(18年〜19年)
★通算21年＝748試合134勝93敗128セーブ104ホールド、防御率3・00(日米通算)
★最多勝2度、最優秀防御率2度、最高勝率3度、最多奪三振2度、(最多完封1度)
★沢村賞2度、MVP0度、ベストナイン2度、ゴールデングラブ賞2度、球宴9度(日本8、米国1)、新人王
★主な記録＝100勝100ホールド100セーブ、「20勝&30セーブ」、ワールドシリーズ胴上げ投手
★ノーヒットノーラン0度
★特殊球＝フォークボール

上原浩治君（巨人ほか）は、一浪して大阪体育大に進学。大学3年時の97年、国際大会151連勝中だった野球大国キューバを相手に勝利投手となり俄然注目を集めた。99年ドラフトの目玉は松坂大輔君（横浜高→西武）と2人だったが、抽選の高校生ではなく、巨人は「逆指名」の大学・社会人から上原君を獲得した。

プロ1年目の99年、「新人20勝」は、80年木田勇君（日本ハム）以来、19年ぶり。20勝4敗、防御率2・09、179奪三振のタイトル、さらに「新人王」「ベストナイン」「ゴールデングラブ賞」「沢村賞」の記者投票の表彰。賞という賞を総ナメにした。

印象深いのはヤクルト戦。同僚の松井秀喜君がペタジーニと本塁打王争いを繰り広げていて、ベンチから敬遠の指示。悔しさで思わずマウンドの土を蹴り上げ、アンダーシャツで涙をぬぐった。

野球が好きで、野球に対して純粋な気持ちがあふれ出た。「背番号19」は浪人時代19歳の苦しい時期の「雑草魂」を忘れまいとする思いの表れだ。

武器は外角低目への145キロのストレート。フォークボールは落差の大きいもの、小さいもの、スライダー回転のもの、シュート回転のものを比類なきコントロールで自

由に操る。

「配球」とは、1つのことを意識させることにより、もう1つの注意を薄れさせることである。「内角ボール球のストレート」と「外角低目ストライクのストレート」、「高目ボール球のストレート」と「低目フォークボール」の2ペア。上原君はこのコンビネーションを駆使した。

07年、チーム事情もあって「抑え役」で起用されることになった。この年、32セーブ。「先発20勝」&「抑え30セーブ」は私・江夏豊以来、史上2人目のことらしい。

このリリーフ経験が、09年メジャー・リーグ入りで奏功する。オリオールズ、レンジャーズを経て、13年レッドソックス入り。

このレッドソックスの守護神として73試合4勝21セーブ、防御率1・09。特筆すべきは74回3分の1を投げて、わずか9四球、101奪三振。「9イニング平均与四球率」は1・09個。「9イニング平均奪三振率」は12・23個。

ポストシーズンを勝ち上がり、ワールドシリーズの胴上げ投手の栄誉に浴した。上原君が右人差し指を天に突き上げた「世界一」のポーズが思い浮かぶ。ここまで実にシーズン86試合の登板だ。

18年に再び日本球界、巨人入り。「中継ぎ」で14ホールドを挙げ、**日米通算「100勝100セーブ100ホールド」に到達した。**

さて、時代の変遷とともに野球の質も変わる。「100勝100セーブ100ホールドも名球会に入れてはどうか」。そんな意見も出始めている。しかし正直、それはどうかと思う。上原君は確かに類まれな記録を残したが、そもそも「論点」が違うのだ。

ならば「盗塁」はどうなのか。たとえば通算2000安打は19年まで52人存在する。「通算250盗塁」は19年まで45人しかいない。なぜ名球会に入れないのか。前述した「トリプル・スリー」は過去10人の偉業。なぜ名球会に入れないのか。名球会の設立条件「投手200勝・打者2000安打」。いいものは残すべきだ。

まあ、それは別にしても、上原君のコントロールは素晴らしい。通算で2000投球回以上投げているが、**「9イニング平均与四球率」が2・00個以下なら抜群のコントロールと言えるところ、実に1・29個と傑出していることを追記しておく。**

43 山本由伸

●98年8月17日生まれ、岡山県出身。178センチ、80キロ。右投げ右打ち
●都城高→オリックス（17年ドラフト4位〜）
★通算3年＝79試合13勝9敗1セーブ、防御率2・54
★最優秀防御率（19年）、球宴2度
★特殊球＝フォークボール

12球団の投手の中で最も関心を抱いているのが山本由伸君（オリックス）。19年「最優秀防御率」。しかも「21歳以下かつ防御率1点台」でのタイトル獲得は、69年の私・江夏豊（阪神）以来だと野球記者から聞いた。さらに19年WBSCプレミア12で見せた

150キロに迫るフォークボールとカットボール。それこそ、まだ21歳。近未来、日本球界を代表するエースとして大いなる可能性を秘めている。

44　今永昇太

●93年9月1日生まれ、福岡県出身。178センチ、85キロ。左投げ左打ち
●北筑高→駒大→DeNA（16年ドラフト1位〜）
★通算4年＝94試合36勝34敗0セーブ、防御率3・55
★球宴1度
★特殊球＝スライダー

DeNAは石田健大君（法大→15年ドラフト2位）、今永昇太君（駒大→16年ドラフト1位）、濱口遥大君（神奈川大→17年ドラフト1位）、東克樹君（立命大→18年ドラフ

ト1位）と、いつの間にか「左腕王国」が出来上がっていたが、その中でもリーダー格。ストレートを軸にスライダーとチェンジアップを交えた投球で、タイトルも狙える。チームのエースはもとより、リーグトップクラスの投手に成長を遂げただけに、複数年続けて好成績を収めることが求められる。

45 大野雄大

●88年9月26日生まれ、京都府出身。183センチ、83キロ。左投げ左打ち
●京都外大西高〈甲子園〉→佛教大→中日（11年ドラフト1位〜）
★通算9年＝162試合58勝61敗0セーブ、防御率3・31
★最優秀防御率1度、ノーヒットノーラン1度、球宴2度
★特殊球＝ストレート

大野雄大君（中日）は、プロ入り時から注目していた。やはり同じ左腕投手の動向は気になるものだ。13年から3年連続2ケタ勝利をマークしたが、18年にはまさかの未勝利。「野球に集中できなかった」そうだが、「お前本人の野球人生なんだぞ」と、こんこんと諭した。それがきっかけになったのか、19年の「最優秀防御率」とノーヒットノーランの復活劇には私も安堵した。今年、区切りの10年目。6回～7回に急激に球威が落ちることがあるので、投げ込んで走り込んで、スタミナをつけておくことが必要だ。

46　松井裕樹

●95年10月30日生まれ、神奈川県出身。174センチ、74キロ。左投げ左打ち
●桐光学園高〈甲子園〉→楽天（14年ドラフト1位～）
★通算6年＝321試合18勝33敗139セーブ、防御率2・62

★最多セーブ1度、球宴3度
★特殊球＝スライダー

松井裕樹君（楽天）の、高2夏の甲子園「1試合22奪三振」を観戦している。左腕から繰り出す2種類のスライダーが絶対的な武器。左打者はもちろん、右打者にとっても脅威の球だ。プロ2年目から「抑え」に定着し、5年間で4度の「30セーブ以上」を記録した。この20年から先発に転向したが、突然ストライクが入らなくなるクセをどう治すかだ。

47 高橋礼

●95年11月2日生まれ、千葉県出身。188センチ、84キロ。右投げ右打ち

●専大松戸高→専大→ソフトバンク（18年ドラフト2位〜）
★通算2年＝35試合12勝7敗0セーブ、防御率3・28
★新人王
★特殊球＝シンカー

高橋礼君（ソフトバンク）は、プロ2年目の19年12勝で新人王。巨人との日本シリーズでも勝ち投手に。188センチの長身アンダースローで、145キロを超すストレート、スライダーとシンカーのコンビネーションで勝負する。かつてアンダースローは193勝秋山登さん（大洋）、187勝杉浦忠さん（南海）ら多くを数えたが、最近では貴重な存在。五輪、WBCなど世界で通用する投手として「奮投」してほしい。

48 森下暢仁

●97年8月25日生まれ、大分県出身。180センチ、76キロ。右投げ右打ち
●大分商高〈甲子園〉→明大→広島（20年ドラフト1位〜）
★特殊球＝カーブ

20年入団の『投手BIG3』。まず、森下暢仁君（広島）は「大学球界NO・1」の鳴り物入りでプロに入ってきた。150キロ速球とカーブが特徴だ。カーブが小さい。スライダーのようなカーブ。チェンジアップでタイミングと打ち気をはずせる。潜在能力として10勝可能な即戦力。おとなしそうだが、打者に対して「クソったれ」という気性を、どれだけ投球に伝導していけるか。

49 佐々木朗希

●01年11月3日生まれ、岩手県出身。190センチ、85キロ。右投げ右打ち
●大船渡高→ロッテ（20年ドラフト1位〜）
★特殊球＝ストレート

最速163キロの佐々木朗希君（ロッテ）。先述の金田正一さんの項のごとく「左足のつま先が下を向いている」から、コントロールもよさそうだ。しかし、下半身がまだ子ども。井口資仁監督には、キャンプ取材時に老婆心ながら忠告してきた。

「しっかり下半身を作ってからほおらせないと、肩を壊してしまう。急ぐなよ」

ロッテには日本ハム時代にダルビッシュ君や大谷翔平君の指導経験を持つ吉井理人コーチがいる。「投球ドリル」を、段階を踏みながらこなしていかせるから大丈夫だろう。

50 奥川恭伸

スライダーと絶妙なコントロール　勝てる投手に

●01年4月16日生まれ、石川県出身。184センチ、82キロ。右投げ右打ち
●星稜高〈甲子園〉→ヤクルト（20年ドラフト1位～）
★特殊球＝スライダー

奥川恭伸君（ヤクルト）は、150キロ速球とスライダーをコントロールよく操る。彼のポテンシャルの高さは、決勝に進出した19年夏の甲子園で実証済み。投手出身の高津臣吾監督がうまく育成していくのではないか。春のキャンプで高津監督と話したとき、「2軍で100球投げられるようになったら、1軍に呼ぶ」と青写真を語っていた。20年6月20日のイースタン開幕戦で先発、「エース教育」の期待に自己たい154キ

口で応えた。

番外編　江夏豊

●48年5月15日生まれ、兵庫県出身。179センチ、90キロ。左投げ左打ち
●大阪学院高→阪神（67年第1次ドラフト1位）→南海（76年）→広島（78年）→日本ハム（81年）→西武（84年〜84年）
★通算18年＝829試合206勝158敗193セーブ、防御率2・49
★最多勝2度、最優秀防御率1度、最高勝率0度、最多奪三振6度、（最多完封4度）最優秀救援5度
★沢村賞1度、MVP2度、ベストナイン1度、ゴールデングラブ賞0度、球宴16度
★主な記録＝入団6年連続最多奪三振、シーズン401奪三振、両リーグMVP、球宴15連続奪三振（70〜71年）、1試合16奪三振（セ・タイ記録）
★ノーヒットノーラン1度
★特殊球＝外角低目ストレート

私・江夏豊はプロ入り1年目、変化球が投げられず、ストレートだけで「最多奪三振」のタイトルを獲得した。一方、「与四球王」でもあった（投球回230、225奪三振、88与四球）。

2年目、近鉄・国鉄の監督経験もあった阪神投手コーチ・林義一さんに『ゴムまりの天井投げ』でカーブの投げ方を教わった。右投手の若生智男さんにも助言された。カーブに関して、一応の格好はついた。右打者にはよく打たれたが、左打者は若干タイミングをはずせた。

スーパースター・長嶋茂雄さん（右打者）は、私がプロ入り前から「憧れの人」。プロ1年目の67年5月、急きょリリーフで巨人戦初登板。長嶋さんに二塁打を打たれても、ベース上に立つ長嶋さんを見て「ああ、カッコいいな」と思った。

伝統の巨人―阪神戦（後楽園）で巨人が負けても、長嶋さんが打てばファンは納得して帰る。そういう「ミスター・プロ野球」たる選手は、現日本球界に存在しない。

ただ面白いのは、私が「曲がらないカーブ」をほおったときのミスターの反応だ。

「豊、あれフォーク？」

「はい、そうです」

「すごいね、豊のフォークは！」

「ミスター」が大声でチームメイトに拡散してくれるから、みんなが「ああ、江夏はフォークを投げるんだ」と思ってくれた（笑）。

失礼ながらミスターは愉快な方だった。

王貞治さん（左打者）には引退後、聞いてみた。

「王さん、なぜ僕のカーブが打てなかったんですか？」

「バカ野郎。お前のカーブは回転だけで曲がらんだろ（笑）。かえって打ちづらかった」

王さんは、自分の野球人生において「最大のライバル」。王さんも「江夏を打ちたい」と言ってくれた。これはもう本当にありがたい言葉だった。

稲尾和久さん（西鉄）を破るシーズン354個目の三振は王さんから奪った。私が阪神・広島の合計12年で王さんから通算57奪三振だが、通算20本塁打も献上した。

私はプロ1年目から6年連続「最多奪三振」。2年目に「シーズン401奪三振」。入

団３年目のころは「投球に大切なのはスピードとコントロールと記憶力だ」と思い込んでいた。入団７年目まで、20勝以上４度を含む７年連続２ケタ勝利。

しかし、入団８年目の74年。血行障害で、球をもうまともに投げられる状態ではなくなっていた。

自分が元気で力のあるときは、獣と同じ。獲物を見つけたら何も考えないで本能でガーッと一目散に捕えに行く。でも、力が衰えてきたらどうするか。相手の動作を観察したり、研究したりする。風向きを考える。風上から行くと臭いで感じ取られる。だから風下から入って行くことを覚える。

阪神最後の９年目、75年ごろになると「投球に大切なのは技術と根気とコンビネーションだ」に考えが変わっていた。

それに「片方の目で打者を見て、片方の目でミット（投球）を見る」「真ん中低目にコントロールすると打者はゴロアウトになる可能性が高い」ことを覚えた。

私の野球人生前半、阪神９年間の通算成績は４２４試合１５９勝１１３敗14セーブだった。

阪神時代の全盛時に155キロほどだった私・江夏豊のストレートは、南海に移籍したころは135キロぐらいになっていた。血行障害が原因だ。

先発で長いイニングを投げると、握力が失われてきて、球をうまく握れない。

捕手であり監督の野村のおっさん（野村克也）から、リリーフ転向を勧められた。

当時は「先発完投」こそ一流投手の証。語弊はあるが、裏返せばリリーフ投手は二流投手と考えられていた。

「豊よ、球界に革命を起こしてみないか。これからは先発とリリーフの分業制の時代がくるんだ」

「革命」という言葉が私の琴線に触れた。「よし、やってやろうじゃないか！」

プロ入り当初のノーコンは、劇的に改善していた。

「どうやって繊細なコントロールを身につけたのですか？」と周囲からよく聞かれる。

まずは「投げ込み」によって「体のバランス」を染み込ませていった。

次に「自信」。「思ったところに投げられるかな」という不安な気持ちではなく、「絶対あそこに投げるんだ！」と自分に言い聞かせて投げる。球をコントロールするということは、言い換えれば自分の気持ちをコントロールすることでもある。

私はさらに、打たれて打たれて、その代償として独自の「投球術」――いわゆる打者との「駆け引き」を覚えていった。

私の投球は「カウント稼ぎも、決め球もアウトロー（外角低目）」。『週刊プレイボーイ』（集英社）のコラムのタイトル『江夏豊のアウトロー野球論』の命名の由来だ。もう連載20年、1000回を超えている。

77年南海で初めて「最優秀救援」のタイトルを獲った。78年に広島に移籍し、79年シーズンMVP。この79年日本シリーズ第7戦、1点リードの9回裏無死満塁を「三振、スクイズ失敗・三塁走者挟殺、三振」で切り抜けた。いわゆる『江夏の21球』で広島は球団創設30年目に初の日本一。80年も日本一に輝いた。

81年は日本ハムに移籍して、19年ぶりリーグ優勝に貢献してMVP。両リーグでMV

P獲得は初のことだった（のちに小笠原道大＝06年日本ハム→07年巨人MVP）。

私はひそかに誇れることがあった。**セーブの規定ができた74年以降、「引き分け数」が2、3、0、3、11、10、11、7、8、4、2と、実に計61試合もある。**

むろん、自らが抑えて引き分けに持ち込んだ試合もあれば、自らが打たれて引き分けになった試合もある。しかし最近のように、「1回限定走者なしでセーブ稼ぎ」の登板だけではなかったことを「引き分け数」が証明している。

さらに野球記者がこんな記録を教えてくれた。

「**『イニングまたぎのセーブ』の数です。**岩瀬仁紀19（中日通算407S）、高津臣吾46（ヤクルト286S＝日本球界のみ以下同）、佐々木主浩79（横浜252S）、サファテ6（ソフトバンクほか234S）、小林雅英15（ロッテほか228S）、藤川球児30（阪神241S）、山﨑康晃0（DeNA163S）。江夏さんは137（南海ほか193S）もありましたよ」

おわりに

最終的に名投手、いわゆる「エースの条件」に何が大事か。こうしてさまざまな観点から考えて、改めて私が出した結論は「勝てる投手。負けない投手」だ。

だから「江夏豊が選ぶ名投手21人」は次の通りだ。

①金田正一　②米田哲也　③小山正明　④鈴木啓示　⑤山田久志　⑥稲尾和久
⑦梶本隆夫　⑧東尾修　⑨工藤公康　⑩村山実　⑪皆川睦雄　⑫山本昌
⑬村田兆治　⑭北別府学　⑮黒田博樹　⑯堀内恒夫　⑰平松政次　⑱野茂英雄
⑲岩瀬仁紀　⑳佐々木主浩　㉑高津臣吾　※掲載順

21人は偶然だが、全員が「昭和名球会」に名を連ねた投手となった。

先発投手、リリーフ投手。私は両方味わえた。「野球の神様」がいい出会いをさせてくれた。

藤本定義監督（阪神）、村山実監督（阪神）、野村克也監督（南海）、古葉竹識監督（広島）。忘れてはならない。衣笠祥雄（広島）という野球の親友にも恵まれた。

「いいな、投手は。1試合投げたら休めるから」

「ケンカ売っとんのか。よし、意地でも全試合ベンチ入りしてやる」

サチ（衣笠祥雄）は2215試合連続出場の日本記録保持者。私も78年から83年までの5年間全試合ベンチ入りを果たした。でも、楽しかった。投げることが好きだったから。

野球は筋書きのないドラマだ。あの時代にユニフォームをまとい、マウンドという名の大舞台でピッチングを演じられた。野球人として、このうえない幸せだったと思う。

名投手
江夏が選ぶ伝説の21人

２０２０年９月５日　初版発行
２０２０年10月５日　２版発行

著者　江夏 豊

江夏 豊（えなつ ゆたか）
１９４８年５月15日、兵庫県生まれ。
１９６６年秋、４球団から１位指名を受け、阪神タイガースに入団。その後、１９８５年に引退するまで５球団で活躍、最多勝２度、最優秀防御率１度、最多奪三振６度、最優秀救援投手５度、ベストナイン１度、沢村賞１度、ＭＶＰ２度など数々のタイトルを獲得。その活躍から、現役時代は「優勝請負人」という異名をとり、現在も20世紀最高の投手の一人として語り継がれている。
現在は野球中継の解説者を中心に活動しており、わかりやすく鋭い解説を披露している。また、週刊プレイボーイで「江夏豊のアウトロー野球論」も好評連載中。

発行者　横内正昭
編集人　内田克弥
発行所　株式会社ワニブックス
〒１５０－８４８２
東京都渋谷区恵比寿４－４－９えびす大黒ビル
電話　０３－５４４９－２７１１（代表）
０３－５４４９－２７３４（編集部）

装丁　橘田浩志（アティック）／小口翔平＋三沢稜（tobufune）
編集協力　飯尾哲司
校正　東京出版サービスセンター
編集　大井隆義（ワニブックス）

印刷所　凸版印刷株式会社
ＤＴＰ　株式会社 三協美術
製本所　ナショナル製本

定価はカバーに表示してあります。

ISBN 978-4-8470-6645-0
ワニブックス HP　http://www.wani.co.jp/
WANI BOOKOUT　http://www.wanibookout.com/